그대로 멈춰라

김시온 지음

# 그대로 멈춰라

관계를 위해
멈춰버린 시간들

바른북스

순간과 순간이 만나서 인생이 되고
인생과 인생이 겹쳐서 인연이 됩니다.

찰나를 빛내는 순간들이 너무나도 많아서
그 순간을 카메라에 담지 못하는 날이면 많이 후회했죠.

하지만 후회가 쌓여가는 만큼
보고 싶은 사람이 늘어났고
저의 곁엔 참 많은 인연이 남았습니다.

동그란 달에 오래전 친구의 얼굴이 떠오르는 그런 날.

후회 속에 멈춰 있다면
당신에게 이 책이 네모난 달이었으면 좋겠네요.

사랑과 이별, 만남과 그리움

네가 있기에 내가 있는 순간들

많은 사람을 만났습니다.
대부분 좋은 사람들이었고
같은 시절을 맞이하는 것이
너무 큰 행운이었습니다.
그 행운이 손에서 떠나가는 날에
더욱 세게 움켜쥐었습니다.
공기를 잡듯
모래를 잡듯
미련 없이 제 손을 떠나는
많은 인연을 보면서
속으로 참 많이 아파했습니다.
사랑이라는 인연도
우정이라는 인연도
어쩌다 스쳐 지나간 인연도
우리의 인생이라는 영화에
단순한 엑스트라는 아닐 것입니다.
당신의 인생 속에
아픔보다는
사랑이라는 기억으로
남아 있길 바랍니다.

첫 번째
# 계절

우리는 어쩌면
너무 오랫동안
붙잡아 두고 있을지 모른다.

지나가야 하는 계절을
지나가야 하는 사람을

사랑하지 못해도 꽃은 피고
안부를 전할 새 없이 낙엽은 떨어진다.

모든 인연을 봄으로 기억할 필요도
모든 악연을 겨울로 기억할 필요도 없다.

겨울이 있기에 봄이 더 따뜻한 거니까.

그렇다고 너무 오랫동안 봄을 붙잡고 있지는 말자.

가장 짧은 봄을 미련 없이 떠나보내는 것.
때로는 가장 아픈 일이
세상의 순리다.

영원한 봄은 없다.

영원한 겨울도 없다.

온기를 잃은 봄보다

따스한 겨울이 있듯이.

두 번째
# 우연한 하루

얼굴부터 몸을 따라 발끝까지 서서히 윤곽이 드러난다. 흐트러짐 없이 걸어오는 발걸음은 내가 기다리던 사람일까. 나를 찾아온 사람일까.

숲의 환대라도 받으며 다가오듯 올곧게 가까워진다. 내가 느꼈던 모든 의문은 나조차도 믿지 못하도록 변질되었지만 하나밖에 없는 길 덕분에 운명으로부터 고개를 돌릴 수가 없다.

나에게 다가와서 손을 내밀어 주려나. 그냥 지나치기엔 다른 길이 없는데. 먼저 말을 걸어볼까. 나를 싫어하게 되면 어떡하지. 심장이 뛴다. 다가오는 발소리조차 들리지 않는다. 이렇게나 고요했던 곳이었구나.

나의 무거움을 나눌 수 있는 사람 같다. 근거 없는 확신이 숨을 들이쉴 때마다 커진다. 한 걸음씩 채색되는 나무들을 따라 삶의 생기가 찾아오는 듯하다. 오랫동안 기다린 느낌. 아직 많은 게 낯설고 어색한데, 조금 더 완벽한 순간에 찾아왔으면 좋았을 텐데.

"괜찮니?"
"응?"
"알 수 없는 표정이네. 괜찮아?"
"응."
"감정을 잘 드러내지 않는구나. 지금은 어때?"

그냥. 아무렇지도. 그렇다고 아무렇지 않지도 않아. 잘 모르겠어. 그래도 확실한 건 기쁘다는 거야. 이 길에 서 있던 건 정말 잘한 일이야. 많은 행운을 쓴 걸지도 모르지. 아무래도 괜찮아. 너의 첫마디가 나를 배려해 준 것에 감사해. 그 어떤 질문보다도 따뜻하게 기억할 거야. 비록 우연일지라도. 의미 없이 건넨 한마디라도.

세 번째
# 인생멍

가장 행복했던 오늘로 기억되기 위해 오늘이 아프고 힘들어야 하나요.
미래의 내가 행복하려고 오늘을 제물로 태워야 하나요.

미친 듯이 달리는 사람을 보면 어딘지 모르게 마음이 쓰입니다.
저 정도면 조금 쉬어가도 될 텐데.
조금만 천천히 가도 될 텐데.

마음 깊은 곳에 숨겨둔 사연을 들어보지 못해서
비난보다는 응원을 택했어요.

그런데 그런 사람들 옆에 있으니 점점 위축되는 제가 보이더군요.
저 사람은 저렇게 노력하는데 내 인생은 왜 그러지.
퇴근하고서도 계속 발전해야 하나.
더 공부하고 노력해서 미래를 대비해야 할까.
좋은 직장과 차가 부럽지 않은 건 아니야.
그래도 난 버스에서 듣는 음악과
분주하게 집으로 들어가는 발걸음이 좋은데.
잠시 들른 편의점에서 가장 작은 맥주 한 캔을 골라
내가 좋아하는 드라마와 함께 잠드는 게 좋은데.
굳이 뛰지 않고 걸어도 충분한데.

하늘을 보며 생각했어요.
의지가 없다고 노력하지 않는다고 욕해도
오후의 햇살을 보는 시간까지 욕하지는 말자고.
좋아하는 것을 돈벌이로 환산하지 않아도 괜찮다고.
나만은 나에게 효율성을 강요하지 말자고.

아무리 그래도 마음이 어려운 걸 어떡해.
내 맘대로 되는 세상이었으면
이렇게 힘들어하지도 않았을 거라고.

저도 그래요.
말은 이렇게 해도 마음이 편하지는 않은걸.

그래도 저는 오늘 저에게 괜찮다고 말해주고 싶어요.
아무것도 하지 않은 채 해가 저문다고 해도
빈자리에서 홀로 세상을 바라본다고 해도
세상의 기준에 맞추기 어려워 아등바등 산다고 해도
사진 하나에, 글 하나에 마음이 편해진다면
그냥 그렇게 살 거라고.
남들보다 조금 덜 괜찮아 보이는 삶일지라도
그게 내 인생이니까.
누군가 공감하고 위로할 수 있는 인생이니까.
가끔은 바라보기 위한 불꽃도 필요한 법이니까.

네 번째
## 첫사랑

어둑해진 집 앞에서의 서투른 고백
나의 처음을 끝없이 사랑하겠노라고 다짐했던 날
까치발을 들고 힘겹게 눈을 마주치던 너
그리고 어느새 그 눈을 잊어버린 나

초대한 적 없는 기억이 불씨가 되어 모든 기억을 밝힌다.
깊은 새벽에 남은 재들아 모두 불타 없어져야 잠에 든다.

길을 가다가 우연히 마주치는 상상을 한다. 잘 지냈냐고. 반가운 거 같다고. 수년 전 모습에 말을 건넨다.

근처 카페로 향한다. 머릿속에서 그리던 사람을 마주하는 게 신기하고 반가워서 조금 들뜬다. 그래도 이전처럼 감정을 모두 드러내지 않는다.

앞다투어 흘러내리던 이슬처럼 서로를 비추지 못한 채 떨어진 우리. 네가 있던 시간이 황혼이었다.

이제는 서로를 사랑하지 않아서 대화가 편하다. 즐겨 듣는 음악, 아직도 간을 맞추기 어려운 김치찌개, 여행에서 보는 것과 먹는 것 중에 어느 게 더 중요한지, 결혼은 빨리하는 게 나은지 늦게 하는 게 나은지.

자리에서 일어난다. 번호는 물어보지 않는다. 기억하는 번호가 맞는지 확인하지도 않는다. 처음부터 오늘의 하루에 네가 있지 않은 것처럼 그렇게 인사한다. 잘 가. 잘 지내.

나보다 더 멀어진 너를 그려본다. 그래서 그냥 웃는다. 네가 뒤돌아 걸어간 곳에서 바람이 불어온다.

내일도 그다음 날도 너는 없다. 마주치지 않길 바라며 만났던 길을 피해 다닐지도 모른다. 다시는 마주치지도 소식을 듣지도 않았으면 좋겠다. 오랜만에 만났다는 사실이 행복이라고 정의할 수 없다면 불행에 가깝다는 거겠지.

고마워 날 사랑해 줘서. 척박한 가슴에 피고 자라서 사랑이라는 열매를 맺어줘서. 겨울 속에 너를 홀로 내버려두지는 않았을지. 그저 지켜보기만 했던 순간들이 너를 아프게 하진 않았을지.

미안해.

후회로 가득한 기억일지라도 네가 첫사랑이라서 나는 행복해.

다섯 번째
# 사랑에게 고맙다

 사랑 그 흔한 표현. 특별해지는 순간이 있기에 아껴두고 쉽사리 쓰지 않는 말. 나의 서투름 때문에 네가 원하는 만큼 내 마음을 전하지 못할까 봐 고민한 순간들. 말하지 않아도 알아주었으면 하는 건 아니다. 나라는 사람이 살면서 쌓아온 표현의 조각들이 네가 눈치채기에 너무 작을 것 같았다. 나의 서투름을 모른 척해 줘서, 너의 섬세함으로 나의 엉성함을 채워주어서 고맙다.

옆에 있는 것만으로 감사해서 별다른 말 없이 어깨에 기댄다. 잔잔하게 뛰는 맥박에 그대로 잠이 들고 싶다. 행여 기대고 있는 머리가 불편하지 않을까 어깨를 기울이는 너에게 다시 한번 심장이 뛴다. 그에 보답하고자 머리에 힘을 빼는 내 머리를 지긋이 눌러주는 너. 누구보다 묵묵하게 사랑을 보여주어서 고맙다.

너의 사랑을 보답할 마땅한 표현을 찾을 수가 없다. 벤치에 앉은 채 너를 보며 웃는다. 많은 문제를 마주하며 살아왔는데 모든 문제가 하나의 정답으로 해결될 수 있구나. 풀리지 않는 난제를 증명하듯 하나의 존재가 내가 살아가는 모든 법칙을 증명한다. 너라는 공식 없이 앞으로의 문제들을 어떻게 풀어가야 할지 모르겠다. 너와 함께 있으면 그 어떤 것들도 문제로 느껴지지 않는다. 비행기에서 바라보는 세상처럼 모든 것이 형태조차 알아볼 수 없는 점이 된다. 나를 하늘로 올려주는 너에게 고맙다.

바람을 곱씹고 천천히 흘러가는 물결에 시선을 둔다. 바람을 따라 호수 위에서 흘러가는 나뭇잎처럼 너라는 물결에 살포시 오른다. 잔잔한 파동이 심장을 울린다. 살아 있구나. 삶의 파장이 극대화되어 나의 가슴을 뛰게 한다. 내 생애 사랑을 불어넣고 다시금 숨을 쉴 수 있게 해주어 고맙다.

찰나의 감정들을 조목조목 말하지 못해서, 가슴에 담아두는 말을 이따금 적는 편지에만 말해서, 너에게 느끼는 모든 고마움과 애정을 입 밖으로 쏟아내지 못해서 미안하다. 나의 허전함을 메우고 조심히 머리를 쓰다듬는 네가 있어서 오늘도 넉넉한 마음으로 호수를 바라볼 수 있다. 언제나 사랑 그 자체로 존재하는 너에게 고맙다.

여섯 번째

# 말 없는 길잡이

    오늘도 어김없이 에메랄드를 비추는 석양이 어울리는 날이었다. 의도적으로 사랑을 확인해 보고 싶은 날이기도 했다. 걸음을 늦추고 거리가 벌어지니 그가 멈췄다.

"같이 가요."
"……."
"이 땀 좀 봐. 바람이 많이 불어도 땀은 난다니까."
"……."
"조금 천천히 걸으면 안 돼요? 오늘은 조금 숨이 차네."
"……."

    파도가 거셀수록 걸음이 느려졌다. 하지만 발자국은 여전히 남아 있었다. 흐릿해져도 사라지지 않았다.

    언제나 바다을 보고 걷는 내가 길을 잃지 않았다. 매번 다른 파도가 몰려와도 똑바로 걸을 수 있었다. 그가 앞장서서 걷던 길이 나에게 옳은 길이었다.

    그가 보여주는 발자국만이 절실히 느껴졌던 산책길. 오늘도 나는 내 길을 비추는 등대를 따라가기 위해 나갈 채비를 한다.

일곱 번째
# 그대는 보이지 않는 사랑

누군가의 발을 기억하고 있다면

그대는 발맞춰 걷던 사람이고


누군가의 습관을 기억하고 있다면

그대는 섬세하게 관찰할 줄 아는 사람이고


누군가의 눈썹을 기억하고 있다면

그대는 연인이 먼저 잠들도록 곁에 있던 사람이다.


보이는 곳에서

보이지 않는 사랑 덕분에

참 설렌다.

여덟 번째
## 골목

  쌀쌀해진 공기가 밤이 깊어지고 가라앉으면 좋을 텐데. 당신이 오기까지 적당한 날씨란 게 없으니 괜히 심술을 부려요. 골목은 별다른 설명이 없어도 알아들을 수 있는 단어가 되었죠. "지금 나갈게." 한마디면 시간과 장소를 말하지 않아도 "알겠어."라고 대답하는 순간이 얼마나 좋은지. 그 익숙함에 안심하고 있는 걸 알까요.

  잠잠한 일상이 주는 편안함에 마음이 차분해져요. 아마 저의 불안함을 배려하는 당신의 따뜻한 마음 덕에 다시금 온기를 피하지 않게 된 거겠죠. 당신이 다가와 손을 잡을 때면 푸석했던 일상이 다시 살아나는 걸 느껴요.

  이곳저곳을 서성거리지 않아요. 큰길로 걸어오고 싶은 날도 있고, 스러져 가는 건물들 사이에서 나타나고 싶은 날도 있을 것 같아서, 저는 가만히 서 있기로 했어요. 당신이 모르게 한 혼자만의 약속이지만 꽤 오랫동안 지키고 있어요. 누군가에게 등대가 되고 싶다는 작은 소망을 이루었네요.

  같이 걷는 것만으로 조용한 골목길을 가득 채운 심장 소리. 주홍빛 가로등이 비치는 당신의 표정. 언젠가 입술 끝에 남기고 간 당신의 잔향. 조금은 구체적으로 그렸던 우리의 미래까지. 오래 서 있을수록 더 진한 순간들이 떠오르는 곳이에요.

  당신을 가장 선명하게 기억할 수 있는 공간으로 조금 빨리 나갈 준비를 해요. 조금만 추억을 곱씹다 보면 당신이 와서 또 다른 추억을 만들어 주니까. 그렇게 당신이 도착하면 미처 더듬지 못한 깊은 추억들은 계속 추억으로 남을 테니까. 오늘도 저는 "알겠어." 한마디에 골목으로 나가요.

아홉 번째
# 여행의 시작

기나긴 도로를 미끄러지듯 달리는 버스 위에서
가까운 곳을 보았다가 먼 곳을 보았다가.
세월의 속도만큼 버스도 빨라진다.

눈앞에 보이는 것들은 집중해서 쳐다보려 해도
눈에 머물 시간도 없이 지나쳐 간다.
급하게 뛰어가던 일상처럼 그렇게 사라진다.

왜 여행마저 이렇게 급급해야 할까.
빠르게 목적지에 도달하고 싶었으나
너무 빨리 도착하는 것을 원치는 않았는데.
하지만 버스는 나의 이중성을 아랑곳하지 않고 더욱 빨리 달렸다.

멀리 서 있는 나무만이, 강물 위에 햇살만이
약간의 갈증을 채워준다.
가까이 있던 존재들이 그 역할을 해주었으면 했는데
위로는 언제나 기대하지 않았던 곳에서.

설렘이 모두 녹아 없어지면 사람들을 생각한다.
옛 연인, 친구, 부모님, 연락하지 않는 사람들.
신기했던 건 가까운 사람들보다

이제는 안부조차 묻기 애매해진
먼 사람들이 더 많이 생각나는 것이었다.
어떻게 살아가는지, 무엇을 하고 지내는지.
정말로 궁금한 것인지 확신할 수 없는 질문들을 머릿속에서 쏟아낸다.

그렇게 한바탕 소리 없는 안부들을 전하고 나면
아주 약간 공허해진다.
놓친 인연들이 많아서. 그들도 아주 가끔만 나를 생각할 거 같아서.

버스는 계속해서 달린다.
가까이 있는 것들은 빠르게 지나가서 붙잡을 수 없고
멀리 있는 것들은 너무 멀어서 붙잡을 수 없다.

너무도 긴 여행. 항상 버스에 앉아 있을 필요는 없다.
한 번쯤은 버스에서 내려 걸어보면 어떨까.
이미 세상을 여행하고 있는 우리에게
너무 빠른 속도는 필요가 없을지도 모를 일이니까.

열 번째
자작나무 공방

자작나무 숲으로 들어가는 통행이 막혔던 어느 날.
인적이 드문 이곳에서 문 위에 달린 종소리가 울린다.
"편히 쉬다 가세요."
남자는 그 말을 끝으로 아무런 말도 하지 않는다.
그 덕에 천천히 주위를 둘러볼 수 있었다.

거친 면을 부드럽게 만드는 작업.
모양을 만들고 그림을 그려 넣는 작업.
마구잡이인 듯 조화롭게 배치하는 작업.

겨울바람을 피해 들어왔던 이곳은 참 아늑했다.
한 사람의 삶이
한 사람의 철학이
한 사람의 꿈이
따뜻하게 다듬어져 있었다.

이 남자는 꿈을 이룬 것이 틀림없다.
자신의 꿈을 깎고 다듬었다.
그리고 또 다른 꿈을 만든다.
우리가 알아주지 않아도 계속.

세상과는 동떨어진 곳에서
마치 꿈을 꾸듯이
다른 이들이 꿈을 꾸게 하는
꿈만 같던 공방.

나의 꿈이 있을 곳은 어디인가.
똑같이 생긴 자작나무 사이에서
나의 꿈이 묻은 나무를 찾는다.

열한 번째

이별의 순간

사랑한다고 대답하지만 마주하지 않는 눈빛.
어딘지 모르게 불안한 너의 태도.
미래가 불안해서, 성향이 안 맞아서, 더는 기대할 게 없어서
손을 뻗지 않는 걸까.
이유라도 듣는다면 희망이라도 가질 수 있을 텐데.

침묵으로 대답하는 네가 참 밉다.
그저 기다리는 것 말고는
너의 속마음을 들을 방법이 없어서
원치 않은 침묵을 함께 지켜본다.
손을 잡는 순간 짊어질 책임감에서 회피하고 싶었을까.
내가 잡고 싶었던 건 너의 의무감이 아니었는데.

혼자서 고민하는 시간이 길어진다.
며칠이 지나고 돌아오는 미안하다는 한마디.
그 한마디에 이전부터 준비해 온 이별을 다시 주머니에 넣는다.
이만큼 울었으면 됐을까 싶어서.
이쯤 하면 너의 마음이 좀 가벼워졌을까 싶어서.

얼마나 많은 다짐을 했었고 얼마나 많은 신뢰가 깨졌을까.
처음처럼 변치 않았으면 하는 기대감이
오히려 너를 자유롭지 못하게 만드는 족쇄였을까.

한결같이 나를 사랑해 주기를 바라지만
지쳐가는 우리 사이를 느낄 때면
우리의 만남이 더는 의미가 있는 건지 의문이 든다.

함께 보는 노을을
내일도 같은 자리에서 볼 수 있을 거라는 기대가
점점 사라진다.
별거 아닌 일이 되기까지 버틸 힘이 사라져 간다.

너를 알고 지낸 시간보다 알기 전이 더 행복했다.
이제는 더 알아갈 여력도 과거로 돌릴 자신도 없다.

누군가 물어보면 그냥 잘 지낸다고 대답하는 게 지친다.
너를 욕되게 하는 말들을 내 입으로는 말할 수 없어서 여전히 침묵한다.
아직도 너를 사랑해서 침묵조차 닮아 있나 보다.

하늘을 향해 뻗었던 두 손이
허공을 향해 다짐했던 메아리가 되어버렸다.
그 다짐들은 바람을 타고 날아갔고 강물을 따라 사라졌다.
불러도 돌아오지 않고 아무리 찾아봐도 찾을 수 없다.
이제는 너무 늦은 거 같다.

그렇게 이별을 외치지 않고 이별을 걷고 있었다.

마음속에 떠오른 순간부터
이별은 시작한다.

열두 번째
# 사랑을 조향하다

집으로 돌아가는 길에 마주친 그 향은 내 걸음을 멈춰 세웠다. 놓고 있던 삶을 잠시나마 돌아오게 해준 가볍고도 톡톡 튀는 향이었다. 멍하니 서 있는 나를 스스로 이상한 사람으로 취급하며 자리를 뜨고자 했다. 운명이나 드라마 같은 허상에 현혹되지 말자고. 지금 여기서 저 사람을 따라가면 로맨스가 아닌 범죄자로 신고당하기 쉽다고. 그렇게 며칠이 지난 주말에 다시 한번 그 향을 마주했다. 라임처럼 괜스레 코끝을 찡그리게 하는 향. 화창한 날씨에 더욱 빛나 보였을까. 아마 내가 무의식중에 말을 걸 수 있었던 건 너무 눈부신 그 향을 손으로 가리고 싶었기 때문인 것 같다. 해맑게 웃음 짓던 순수함. 나의 어설픔에 "아 그러셨어요?" 하며 투명한 미소를 지어주던 너를 보며 참 밝은 사람이구나 생각했다. 나를 이상한 사람으로 취급하지 않아서 느껴지는 안도함과 다음에 커피 한잔하는 게 어떻겠냐고 묻는 어색함이 그녀의 향을 맴돌았다. 시간이 지나도 코끝에 묻어 있던 첫 만남이 지워지지 않아서 그렇게 너를 정의해 보기로 마음먹었다.

첫 만남보다 조금씩 진해지고 또렷해지는 향이 일상에 물들었다. 네가 호흡을 대체하고 있는 것을 서서히 인정할 수밖에 없었다. 가슴을 타고 들어와 온몸을 물들게 하고 있음을, 모든 신경이 너를 향해 있음을, 나의 모든 반응은 너의 자극으로부터 이루어지고 있음을 받아들였다. 네가 확산하지 않고 나에게만 머무르길 원했다. 알아갈수록 너는 가볍지 않은 사람이었고 가벼웠던 내 삶을 눌러주었으면 했다. 네가 품어주면 더는 방황하지 않고 뿌리를 내릴 수 있을 것 같았다. 욕심인 것을 알았으나 네 향기를 자유롭지 못하게 하는 것은 나였다. 지나친 바람이었음에도 너는 날아가지 않고 꿋꿋하게 나의 곁을 지켜주었다. 이미 내 손을 떠나가 버린 사랑을 영원히 붙잡아 둘 수 없는 걸 알고 있었다. 그럼에도 나에게 어떠한 기대도 하지 않고 그저 내가 울지 않도록 옆에서 어깨를 토닥여 주었다.

  기억 속에서 떠나지 않고 남을수록 사라지는 추억의 잔향 속에서 행복을 찾았다. 별거 아닌 대화에도 밝게 웃었던 너와의 첫 만남은 이미 사라지고 변질되어 버렸는데. 네가 묽어지지 않도록 계속해서 흙탕물을 휘저었다. 너의 흔적들이 희미해지기 시작함을 받아들여야 하는데 언제쯤 네가 사라질지 모르겠다. 오래도록 머물러 있는 그 향을 지우지 못해서 모두 날아갈 때까지 기다리고 있다. 머리카락, 손, 옷, 의자, 집 앞 가로등까지 은은하게 향이 밴 곳곳에서 네가 쉽사리 떠나질 않는다. 고착된 마지막 기억을 보낼 수가 없다. 조금만 더 가볍게 마음을 먹었더라면. 자유롭게 퍼져나가던 너를 막지 않았더라면 하는 후회만이 무겁게 남는다. 마비되었던 감각이 이따금 살아날 때면 은은하게 살을 타고 올라와 나의 코끝을 간지럽히겠지. 이제는 정말 숨을 들이마시고 싶지 않다.

너는 물기 없는 손 위에서 피어나는 꽃이다.
너무 소중하지만 세게 움켜쥘 수도 없고
손바닥 사이로 흘러내리는 물을 삼키지도 못한다.

열세 번째

구름

가까이에 있으면 진작에 손을 뻗었을 텐데.
머물다 가지 않는 너를 위해 지우지 못한 사진들.
자의 없는 의지가 머릿속 이미지를 더욱 선명하게 한다.
나무 끝에 걸터앉은 네게서 시선을 떼지 못한다.

너에게 뛰어든다 해도 나는 끝없이 추락한다.
그 짧은 몇 초도 품어주지 않는다.
그럼에도 내가 떨어지고 있다는 사실을 잊을 정도로
그 순간은 영원과도 같은 행복을 준다.

조금만 가까우면 움켜쥘 것 같아서.
하얀색의 허상이 상상인 것을 깨달을 것 같아서 무서웠다.

오랜 불안과 지쳐가는 하루에도
내일이면 어김없이 나타날 너를 기대했다.
어제보다 더 멀리서 나타나도 그 자리에 서 있었다.

별이 뜨면 네가 사라진다.
보이지 않는 너를 움켜쥘 수 없어서 또다시 마음을 접는다.
그렇게 멀리 있으면 빛나지 않아도 좋을 텐데.

지구는 계속해서 돌아가는데
너를 향한 궤도를 벗어날 수가 없다.

열네 번째
## 확신

남자는 가진 것이 없어서 미안하다고 말한다.
여자는 가진 것이 없어도 행복하다고 말한다.
남자는 미래를 위해 오랫동안 준비하고 싶어 하고
여자는 미래를 위해 지금부터 함께하고 싶어 한다.
남자는 상황에 대한 확신을 원하고
여자는 사람에 대한 확신을 원한다.

나의 욕심이 사랑하는 이의 간절함보다 커질 때
서로는 서로를 받아들이지 못한다.
서로 누구의 고민이 더 무거운지
타인에게 평가받고 있을 뿐이다.

남자가 가진 것이 없어도
가져야 하는 것들보다 자신을 우선할 때
여자는 기꺼이 손을 잡는다.

곁에서 함께하자는 고백은
처음 시작의 파동보다 더 아련하게
들판에 바람을 불러일으킨다.

막막한 황무지를 건더라도
이끌어 주는 손이 있다면
기꺼이 비를 맞을 것이다.

아마도 우리는
가장 현실적인 대답과
가장 이상적인 대답을 사이에 두고
먼저 손을 내밀어 주기를
기다리고 있진 않을까.

너무 오래 기다리지 말자.
너무 오래 기다리게 하지 말자.
멀어진 사랑을 메우는 건
결코 시간이 아니다.

열다섯 번째
# 인연

익숙한 골목길. 졸린 눈을 비빌 때쯤 정류장에 서 있는 네가 보인다. 어느덧 실루엣만 보고 알아차릴 정도가 되었다. 역으로 가는 버스에 올라 손잡이를 잡는다. 서서 가는 게 익숙하지만 어디에 서 있어야 하는지 결정하는 건 여전히 익숙하지가 않다. 너무 가까이 서 있으면 나의 어색함이 드러날까 봐 조금은 멀리 떨어져 있는다.

지하철 개찰구에 카드를 찍고 들어가면 네가 오르는 계단의 반대편 계단으로 향한다. 괜히 스토커처럼 보이지는 않을지 걱정이다. 한번은 무의식적으로 따라갔다가 빠른 걸음으로 너를 앞질러 갔다.

나랑 비슷한 나이일까. 학생은 아닌 거 같고 규칙적으로 나오는 걸 보니 직장인이겠지. 나이 차가 많이 나면 어쩌지. 말을 걸어보고 싶은데 생판 모르는 사람이라 부담스러울까. 이상한 사람으로 생각하면 앞으로 다른 출근 경로를 알아봐야 하나.

반복되던 일상이 얼마나 지났을까. 역에서 나와 집으로 가는 버스에 올랐을 때 구석에 앉아 있는 너를 발견했다. 이제는 익숙한 출근길 옆모습에 혼자만 쌓아왔던 친밀감을 드러낼 뻔했다. 역시나 조금 떨어져 손잡이를 잡는다. 여전히 핸드폰을 보고 있지만 내 정신은 다른 곳에 쏠려 있었다.

버스에서 급히 내려 도로를 따라 걷는다. 혹시나 뒤따라 걷고 있진 않을까. 뒤돌았을 때 눈이 마주치면 어쩌지. 오늘은 정말 말을 걸어보고 싶은데 뭐라고 해야 할지 모르겠네. 일단 뒤를 돌아보자. 아무도 없는데 나 혼자 소설을 쓰고 있는 것도 웃기니까.

저 멀리 눈을 비비며 걸어오는 네가 보인다. 어느덧 눈을 비비는 행동만으로 자연스레 네가 오고 있음을 알아챘다. 항상 줄 맨 뒤에서 타는 너는 언제나 나와 조금 떨어진 채 손잡이를 잡는다. 매일 아침 경직되어 있는 듯한 모습에 웃음이 나온다. 조금 더 가까이 있고 싶지만, 혹시나 내가 불편해질까 봐 여전히 버스 안쪽에 서 있다.

카드를 찍고 들어가서 계단을 오른다. 나와는 항상 반대편으로 가는 게 못내 아쉬웠다. 한번은 나란히 계단을 오르고 있었는데 나도 모르게 발을 헛디딜 뻔했다. 다행히 먼저 앞질러 가준 덕분에 나를 보지 못했다. 계단을 다 올라가 보니 이미 내가 타는 곳에서는 보이지 않았다.

학생처럼 입지는 않는 걸 보니 직장인인가 보네. 단정하고 깔끔하게 입는 걸 보니 나이가 많은 거 같진 않고 나랑 비슷한 또래이려나. 갑자기 인사하면 당황할 텐데 어떻게 해야 할까. 같은 동네 같은데 길을 못 찾겠다고 하면 미친 사람 취급당하겠지.

조금씩 익숙해지던 며칠이 지났다. 버스에 올라 자리에 앉았다. '환승입니다'를 외치던 입구를 응시하던 중에 네가 오르는 것을 보았다. 혹시라도 눈이 마주칠까 황급히 창 쪽으로 고개를 돌렸다. 조금은 떨어진 곳에 서 있는 너를 창문을 통해 살짝 바라본다. 손잡이를 잡고 계속 핸드폰만 바라보고 있는 네게 조금은 아쉬운 마음이 든다.

혹시나 또 사라질까 허둥지둥 버스에서 내린다. 조금 떨어진 뒤에서 걸어간다. 보폭을 맞춰 걸어야 하나. 가서 어깨를 툭 쳐볼까. 길을 물어보는 미친 짓은 하지 말자. 오늘은 연락처를 물어보고 싶은데 좀 오버하는 건가. 일단 말을 걸어보자. 나를 모르는데 우리를 꿈꾸는 것도 웃기니까.

열여섯 번째
# 모래

"그래? 잘 다녀와."

딱히 허락을 맡으려 한 것은 아니었다. 이제는 궁금해하지 않는 내 일정을 적어도 말은 하고 떠나는 게 최소한의 배려라고 생각했다. 왜 떠나는지, 어느 바다로 가는지 묻지 않았고 "다녀와서 연락할게." 하는 답장을 마지막으로 우리의 짧은 연락이 끝났다. 내가 동해에 살았으면 서해를 보러 떠났을까. 매번 집에서 멀리 있는 바다를 택한 이유는 바다를 보러 가기까지 음악을 들으며 창문 너머 풍경을 보는 게 어떠한 책이나 친구보다 위로가 되기 때문이었다.

최소한의 짐만 꾸리고 가장 느린 버스 구석에 앉아 이어폰을 꽂는다. 설렘도 감흥도 없는 여행이라 마음이 편안하다. 고속도로에 들어서고 빠르게 지나치는 풍경들과 함께 희미해진 기억을 훑는다. 어렸을 적에 친하게 지내던 친구가 갑자기 전학을 가버렸던 일, 수능을 보고 돌아오는 지하철 안에서 생각만큼 허무하지도 보람차지도 않았던 애매한 감정, "사랑해."라는 말에 진심을 담지 않는 방법을 깨닫고 어딘가 씁쓸하게 차오르던 가슴 한편에 공허함까지. 생각을 정리하려고 출발한 여행이었지만 막상 생각나는 기억들은 너와는 상관없는 다른 추억들이 대부분이었다. 그렇다고 의무감이나 죄책감으로 시작한 숙제가 아니었기에 너를 떠올리지 않은 시간에 대하여 사과하지는 않기로 했다.

신발을 벗고 모래를 밟으니, 바다에 왔다는 게 실감이 났다. 까슬까슬하고 텁텁한 모래들이 발가락 사이에 낄 때마다 여전히 감각이 남아 있다는 사실에 기분이 좋았다. 휴가철에 아이들과 피서를 즐기는 아빠. 땅의 기운을 느끼며 맨발로 걷고 있는 부부. 나와 같이 이별을 다짐하러 온 건진 모르겠지만 홀로 모래밭에 앉아 밀려오는 파도에 온 시선을 빼앗겨 버린 사람까지.

바다에 발을 담갔다. 온몸으로 전해지는 차가움이 생각보다 거부감을 일으키지 않았다. 발에 묻은 모래를 쓸고 갔다가 다시 새로운 모래를 발에 묻히고 도망가는 파도를 지켜보았다. 장난치고 숨는 걸 반복하던 네가 떠올랐다.

"이왕 가져갈 거면 더 많은 것을 가져가 주겠니? 얼마든지 장난을 쳐도 좋으니 내 걱정은 네가 좀 떠안아 주면 안 될까?"

이렇다고 내 답답함이 완전히 해결되는 것도 아닌데. 발끝을 따라 이어지는 저 끝없는 수평선으로 시선을 옮긴다. 넋 놓고 바라보고 있으면 왠지 모르게 숨을 쉬기가 편안해진다. 중얼거리는 혼잣말이 전부여도 아무도 듣지 못하게 파도가 나의 소리를 덮었다.

이제는 차분하게 마주 앉아 너의 이야기를 들을 수 있겠지. 납득할 수 없었던 감정들을 다독여 주며 더 이상 네게 나를 드러내지 않겠지. 가끔 보는 바다보다 멀어진 우리 사이를 더는 뛰어가지 않겠지. 그렇게 홀로 오는 여행에 익숙해지겠지.

마지막 순간, 발에 묻은 모래를 털었다.

열일곱 번째
## 정류장

버스도 사람도 멈춰버린 정류장
오는 것을 기다리는 사람도
떠난 것을 기다리는 사랑도
아련하게 정류장을 밝힌다.
미세한 가로등의 불빛이
적막하기만 한 기다림을
온전히 이해한다.
온 세상을 덮어버리는 눈이
어째서 마음만은 지나쳐 내리는지
소복하게 쌓여야
발자국을 남길 수 있을 텐데
너무도 뾰족한 내 마음 위에
눈이 머물고 갈 자리가 없다.
오늘도 난 무엇을 기다려야 하나
오지 않는 버스일까.
떠나버린 버스일까.

열여덟 번째
소나무

산에는 소나무만 있는 게 아니다.

오래전에 책에서 읽었던 문장이다.
당시에는 이해가 되지 않았는데
나이를 먹다 보니 자연스럽게 이해가 된다.

산에는 밤나무도 있고 철쭉도 있고
나무라고 불리지 않는 많은 꽃도 있다.

그중에는 어여쁜 꽃들도 있고 인간에게는 해로운 꽃들도 있다.
어떤 식물은 탐욕스러워서 주변 생물들의 생명력까지 앗아간다.

나무들도 서로를 미워하고 있지는 않을까.
숲을 이루며 살고는 있지만 서로 의견이 다르진 않을까.

모두가 나와 같은 의견은 아니다.
아주 긍정적인 사람이 있을 수도 있고
아주 부정적인 사람이 있을 수도 있다.
긍정과 부정 사이에서 적당히 살아가는 사람도 있다.

나와는 다른 생각임을 인정하는 게 어렵다.

다른 집에서 태어나고 자랐고
다른 친구들과 사람들을 만났고
다른 일과 취미를 즐긴다.

평소에는 잊고 지내던 사실들을
꼭 다투고 난 뒤에 떠올리게 된다.

당장에 숲을 볼 수 없을지라도
다른 나무가 해를 전부 가릴 수 있는 건 아니다.
나는 그저 꿋꿋하게 성장하면 된다.

함께 자랄 수 있는 나무는
머지않아 함께 햇빛을 받을 것이고

이기적으로 고군분투하던 나무는
아무것도 품지 못한 채
그늘 속에서 살아가게 될 것이다.

산에는 소나무만 있는 게 아니다.

숲을 이루며 살아가는 나무도
모두 의견이 같지는 않다.

열아홉 번째
# 하얀 선입견

저 너머에는 따뜻한 눈이 있을 수도 있고, 생각보다 차갑지 않은 눈이 있을 수도 있고, 보이는 그대로 손이 시린 눈이 있을 수도 있다. 만져보지 않아도 보이는 것은 우리에게 많은 것을 알려준다.

깨끗해 보이기 때문에 내가 보는 눈은 더럽지 않다고 착각하는 경우도 더러 보인다. 내가 만지는 음식은 더럽지 않을 거라는 믿음 같은 것 말이다.

나는 넓은 세상을 품을 아량이 없어서 눈을 가렸다. 하지만 매일 눈을 감을 수 없어서 작은 액자를 만들었다. 그 안에는 보고 싶은 것만 넣었고 원하는 것만 나타나게 할 수 있었다. 그렇게 나만의 세상이 만들어졌다.

하지만 시간이 지나고 같은 풍경이 반복되는 게 지루해졌다. 눈이 오면 꽃을 원했고 해가 뜨면 비가 오길 원했다. 결국 내 세상조차 통제하지 못하는 것을 깨닫고 액자를 부쉈다.

나를 가둔 프레임에서 벗어나니 더 큰 세상이 나를 기다리고 있었다. 뜻대로 되지 않는 사람들과 한 치 앞도 예상할 수 없는 풍경. 그리고 내가 있는 곳만 눈이 내린 게 아니라는 사실.

결국 세상을 가둔 게 아닌 나를 가둔 것을 깨달았을 때 비로소 액자라는 단어를 지워갔다. 딱딱한 틀 안으로 욱여넣던 나의 사람들을, 그리고 나를 자유롭게 바라보았다.

이렇게 멋있는 모습을 가지고 있었구나. 저 사람은 이런 면도 있었네. 생각보다 더 괜찮은 사람인걸. 뒤에서만 봐서 몰랐어.

어쩌면 나의 눈은 입체적인 타인을 평면으로 한정 지으려 한 것 같다. 요리조리 관찰하지 않고, 경험하지 않고, 느껴보지 않고, 말 걸어보지 않고 액자에 고이 넣어 바라만 보고 있던 사람들.

벗어나자. 액자 앞에서. 액자라는 단어에서. 나만의 세상에서.

겨울의 이면은 나에게 차갑지만은 않다.

스무 번째
# 시간

참 배려가 없다.
아랑곳하지 않고 그저 지나간다.
지나치는 사람이 방관하든 애원하든 뒤돌아보지 않는다.
신조차 간섭하지 못하는 것일까.
간섭한 시간을 우리가 인식하지 못하는 것일까.

언제쯤 다시 시간이 흐를까.
시간이 흐르는 것을 원하기는 하는 걸까.
나를 의미 없게 만드는 시간이 늘어나는 것을
마지못해 견디고 있는 것 같기도 하고.

문득 떠나고 싶어지는 날.
카메라 하나. 삼각대 하나. 목적지 하나.
아무도 없는 방 안에서
1층에서 잘지 2층에서 잘지 사다리를 오르락내리락.
결국 바닥과 조금 떨어진 1층에서 잠들었던 여행.
손님이라곤 나 하나였던 목요일의 밤을 달려 도착했던
강원도의 어느 게스트하우스.

이유를 묻지 않고 보일러를 올려두었던 사장님.
잘 개어진 수건과 하루를 지낼 수 있는 물건들.
차가운 겨울을 가로질러 어두운 방문을 열었을 때
온몸을 녹이는 방 안에 가득한 온기.
무모한 나그네를 위해 따뜻한 마음을 두고 갔던 사람.
지금은 이름도 위치도 기억나지 않지만
지금도 강원도로 문득 떠날 수 있는 건
우연히 마주칠지도 모르는 따스함 때문에.

스물한 번째
## 저물 때

하나하나 물결들을 세어본다.

잘못 세기라도 하면 처음부터 다시 세어야 하지만 괜찮다. 이 말도 안 되는 문제의 답을 영원히 풀어내지 못하기를 바라는 건지도 모른다. 도시의 소음을 머금은 물결들이 떠다닌다.

말없이 난간에 기대어 세상을 다 가진 듯한 시간 속에서 우리만 그렇게 멈춰 있었다. 떠나지 않고 곁에 머무른 행복이 영원할 것 같았다. 경적으로 덮여버린 도시가 질투하도록 소리 내어 웃었다. 세상이 아무리 넓어도 그 세상조차 너라는 세상에 비해서는 너무나도 작았다.

다리 위에서 찍은 사진을 보면서도 다리 밑에서의 추억이 더욱 선명하게 떠오른다. 다른 사람은 몰라도 너만은 알아챌지 모르는 나의 사진. 같은 노을을 담아도 모두가 같은 온도는 아니었다.

너무 차갑지도 너무 뜨겁지도 않았던 그날의 하늘. 함께 걸었던 동작대교 너머에는 노을을 등에 업은 건물들이 우두커니 서서 우리가 저무는 것을 지켜보고 있었다. 열정적인 사랑처럼 불그스름한 빛깔이 건물 사이사이에 물들어 있다. 우리의 처음인 노을이었을까. 우리의 마지막인 노을이었을까. 이제는 함께 걸을 수 없다는 사실이 덤덤하게 받아들여질 때쯤 사진의 온기를 잊어가는 듯했다.

황혼이 지는 미래를 함께 그렸건만 어느덧 몇 년의 시간이 흘러 많은 과거 중에 한순간이 되었다. 오랜 시간을 집착해 왔다는 게 무색할 정도로 찰나에 사라지는 게 미련이었다. 노을이 저무는 시간보다 더 빠르게 사라진 추억이었다. 언제 사라졌는지도 모르지만 잘된 일이다. 바쁘게 돌아가야 하는 일상인데 시도 때도 없이 찾아오는 불청객이 없어서 다행이다.

너라는 단어에 욱신거리지 않을 때 비로소 노을이 따뜻한 것임을 알았다. 미련 없는 그리움이 적당하게 노을을 물들이고 있어서 이제야 해가 저무는 것을 바라보았다.

이제는 함께 노을을 볼 수 없지만 너의 불행을 바라지는 않는다. 같은 하늘을 바라보고 있다는 생각을 공유할 수 없는 게 서로에게는 조금 더 먹먹한 행복이지 않을까. 나의 인생 뒤편으로 네가 저문다.

너랑 보았던 온도가 천천히 희미해진다.

스물두 번째
# 미개봉 상영작

우리가 함께했던 시간을 과거에서 찾게 되는 날이면 집 앞 공원 의자에 앉습니다. 아무도 없는 의자에 가장 구석에 앉아 등을 기댄 채 밤하늘을 올려다봐요. 웅크려야 할 계절에 아랑곳하지 않고 숨을 내뱉습니다. 같이 앉았던 시간만큼 홀로 앉아보아야 균형이 맞을 거 같아서 틈틈이 시간을 쌓아보고 있죠.

의자에 앉아 강아지와 산책 나온 주인을 구경하던 이야기, 늦가을에 꼭 붙어 앉아 온기를 나누었던 이야기, 다투고 화해하고 싶을 때 약속하지 않아도 동시에 공원으로 나오던 이야기. 조금씩 미화되기도 하고 왜곡되기도 했던 이야기들이 이제는 토씨 하나 변하지 않는 기억이 되었네요. 너무나 많이 들어서 모두가 똑같이 알고 있는 유명한 명언처럼요.

우리의 모습들이 어둠에만 일렁이는 아지랑이 같아요. 존재하지만 잡을 수 없는 존재겠죠. 덩그러니 놓인 의자를 바라보는 날에는 영원히 상영되는 영화를 다시 틀어봅니다. 우리의 이야기는 로맨틱 코미디 영화였을까요. 아니면 오싹한 스릴러 영화였을까요. 언제쯤 채색된 기억이 흑백 영화가 될까요. 파노라마에 휩쓸려 빠져나오지 못하고 발버둥 치는 저를 누가 구해줄까요.

결말을 알고 있는 영화를 왜 다시 보는 건지 모르겠습니다. 혹시나 내가 놓쳤던 장면이 있을까 봐, 아니면 어느 순간에 대사나 표정을 잘못 기억하고 있을까 봐, 그것도 아니면 아무것도 바꿀 수 없는데 다시 처음부터 재생될 수 있도록 필름을 되감는 건지 아직도 모르겠습니다.

이 바보 같은 상영관은 언제쯤 문을 닫을까요. 열렬한 팬 한 명 때문에 폐업할 기미가 보이지 않네요. 이래서는 영원히 소장할 수밖에 없는데. 필름을 지울 수도 없고 조명이 꺼지지도 않을 텐데.

다시금 바람이 불어오는 의자를 뒤로하고 떠났으면 합니다. 우리가 함께한 순간들이 흔한 장면 중 하나가 되어 영원히 기억나지 않았으면 좋겠네요. 제목도 배우도 떠오르지 않을 인기 없는 영화처럼요.

스물세 번째
## 꿈을 베다

너를 끊어내는 게 쉬운 일은 아니다.
다짐하지 않으면 주체할 수 없이 범람해 버리는데
다짐할수록 밀려오는 너에게서 도망칠 수도 없다.
터져버린 댐을 막아보겠다는 오기일 뿐이다.
방 안에 남은 사진이 없도록 구석구석을 살폈다.
더듬지 못한 주머니가 없을 때까지
너와 관련된 모든 것을 훑었다.
현실에 남은 존재를 지웠지만
지우지 못한 기억과 함께 침대에 누웠다.
미련인지, 삶인지. 무엇을 끊어내야 하는지도 모르겠다.
그렇게 끝이 보이지 않는 후회들과 함께 잠이 든다.
꿈속에서의 대화는 기억나지 않는다.
그저 네가 서 있었다는 사실.
그리고 네가 웃고 있었을 거라는 내 착각.
영원히 깨고 싶지 않았다.
그곳에서는 너를 끊어내지 않아도 내가 불행한 것을 모르니까.
단칼에 자르지 못한 내 삶을 유일하게 끊어낼 수 있는 곳이니까.
꿈에서도 행복을 모르는 날이 오면 그때는 혼자 잠들 수 있을지도.

스물네 번째
# 땅끝마을 – 희망의 시작

땅끝에 왔다가
희망을 보고 간다.

서울로 돌아가면 또 다른 희망이 있을까.
바다에도 희망이 있고 도시에도 희망이 있다면
희망은 꽤 흔한 것일지도 모르겠다.
온 세상에 도사리고 있는 희망을 나는 왜 못 보나.

매일 같이 공기를 마시는데
못 살겠다고 투정을 부렸던가.

그래도 어쩌나. 내가 원하는 건 너무 거대한 희망인데.
집, 백만장자, 인생 역전.

근데 이런 게 희망이랑 동의어가 맞나?

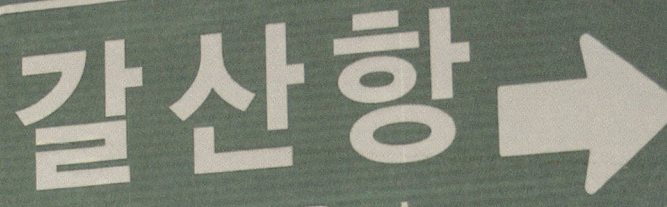

갈산항 →
Galsan Port

희망의 시작
땅끝마을 ←

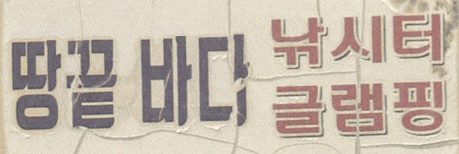

땅끝 바다 　낚시터
　　　　　　글램핑
Tel (0) 3 1234 →
갈산 마을방향 700M

스물다섯 번째
# 미워하는 이에게

누군가를 죽도록 미워할 필요도 사랑할 필요도 없어.
지나고 나면 다 작은 점일 뿐이야.
한 개인지 두 개인지 멀리서 보면 모르거든.
하지만 지금은 바로 눈앞에 점이 있어서
다른 곳으로 시선을 돌려도 벗어나지 못할 수도 있겠다.
그저 눈을 감으라는 무책임한 위로보다
과거가 멀어지는 만큼 그 점도 점점 멀어졌으면 하는 바람이야.
누군가 멀어지라 해서 뒷걸음질 칠 수 있는 것도 아니고
점이 그려진 종이를 멀리 던질 수도 없지.
그냥 점이 보이지 않을 만큼 눈물이 앞을 가릴 때면
나는 그저 네가 의식하지 못하게 눈물을 닦아줄게.
눈동자에 점이 비치지 않는 날까지
나는 계속해서 너의 시야에서 벗어나 있을게.
네가 나를 의식하는 순간이 온다면 정말 기쁠 거야.
내가 또 다른 점이 되지 않도록
너의 인생을 그릴 수 있는 도화지가 될게.

스물여섯 번째
# 해야 하는 것

"하기 싫어. 근데 해야 하니까."

영웅이 되는 상상을 했다. 마블 영화에 나오는 초인적인 힘을 발휘하여 사람을 구하는 히어로는 아니었다.

굶주리고 있는 아이들에게 수십만 원을 후원해도 아깝지 않고, 그들이 교육을 받을 수 있도록 대학에 보내며, 여차하면 집도 하나씩 지어줄 수 있는 그런 영웅.

가슴 한편에 쌓아놓은 책임감을 실천하지 않으면서 상상만으로 그들의 후원자가 된다. 이런 짓도 그만해야 할 텐데.

가끔 네이버에서 불우이웃 돕기 모금을 할 때 3만 원을 결제하고, 나는 인류를 위해 헌신했다고 자부했다. 그걸로 올해 기부는 끝이었다.

근데 내가 돈이 많았어도 달라졌을까.

청약에는 꼬박꼬박 돈을 챙겨 넣으면서 지구 반대편의 이야기가 들려올 때면 귀를 닫아버리는 나. 카드값 내기에도 급급해서 지구 반대편까지 신경 쓸 여력은 없다고 나와는 무관하다고 그렇게 말하는 나.

본 적 없는 아이들을 위해 가방을 둘러메고 아프리카로 떠나는 사람들을 보면 인류의 어른들은 그들이라는 생각이 든다. 감히 상상할 수 없는 숭고한 헌신에 비해 초라하고 작아 보이는 나는 고개를 숙인다.

찻잔이 입술과 찻잔 받침대를 오가는 사이에도 수많은 순간이 존재한다는 것. 세상에는 많은 일들이 일어나고 있다는 것. 그 짧은 순간에도 조그마한 도움이 없어 죽어가는 이들이 있다는 것. 물 한 모금을 위해 몇 시간을 걸어가야 하고, 배고플 때 무엇을 먹을지 걱정하는 우리와는 다른 삶을 살고 있다는 것.

그런데 내가 가엾게 여겼던 그들의 삶은 얼렁뚱땅 배운 풍물놀이 하나에 하루 종일 뛰어놀 수 있는 삶이었다. 기타 하나에 춤 하나에 마을 사람들이 모여서 함께 뛰놀았던 기억. 우리가 그들에게 줄 수 있었던 건 돈도 음식도 아닌 그저 그런 음악들.

그들은 행복했다. 그리고 그들 속에서 나도 행복했다.

어쩌면 봉사라는 이름으로 누군가를 챙겨야 한다는 강박에서 벗어날 수 있게 하는 건 내가 아닌 듯했다.

집으로 돌아오는 비행기에서 노트를 꺼냈다. 앞으로 살아가야 하는 시간은 많은데 뭐가 의미 있을지 조금은 판단이 되는 거 같아서 끄적거려 본다.

"하기 싫어. 근데 해야 하니까."

스물일곱 번째
## 내 맘대로

평범하게 살아야 하는 조건들을 한가득 채운 배낭.

규칙에 현혹되지 않고 내 맘대로.

누군가의 눈치 보지 않고 내 맘대로.

처음부터 끝까지 내 맘대로.

인생, 많은 거 들고 갈 필요 있나.

배낭 속에 있는 것들을 버리기 전에 남들이 보는 배낭부터 버리자.

아이의 가장 큰 축복은
부모가 있다는 것 아닐까요.

자신의 뒤에 늘 부모가 있다는 것도
언제나 자신을 지켜주고 있다는 것도
조금 더 크면 깨닫게 될까요.
오늘은 부모님께 감사한 기억을 하나 더듬고 자아겠어요.

스물여덟 번째
# 부모님의 연애

첫사랑을 만나 결혼을 하신 건지 물어본 적이 없다. 결혼 앨범을 꺼내 보며 부모님의 젊은 모습을 사진으로 보곤 하지만 어떤 확신을 가

지고 결혼을 결심하셨는지는 여전히 알지 못한다. 우리가 태어나고는 어떤 마음이었을까. 자신이 어머니가 된다는 것에 아버지가 된다는 것에 마냥 행복하셨을까. 두렵지는 않았을까. 그 막중한 책임감에 잠을 이루지 못하셨던 건 아닐까.

우리는 부모님의 연애를 가장 오랫동안 지켜볼 수 있는 사람이다. 부모님보다 일찍 일어나 안방을 열어보면 같은 자세로 주무시고 계시는 부모님이 보인다. 피곤해 보이는 모습이 안쓰럽기도 하고 나란히 누워 계신 모습이 귀엽기도 하다.

어머니가 집에 계시지 않을 땐 현관에서 신발을 벗으며 어머니부터 찾는 아버지셨다. 아버지가 늦게 들어오시는 날에는 꼭 전화해서 언제쯤 들어오냐고 물으셨고 통화가 끝난 후에야 잠자리에 드시곤 했다.

양말을 뒤집어 벗지 말라고 이야기하시지만, 여전히 습관을 지키시는 아버지와 티격태격하신다. 그래도 자식에게 속이 상하여 마음 둘 곳이 없을 땐 아버지와 많은 이야기를 하신다. 이따금 어머니와 저녁을 먹는 날에는 자식들 모르게 아버지가 해주신 위로가 생각나신다고 한다. 여전히 힘들면 서로에게 기댄다.

풋풋함으로 시작했던 서로의 시간이 적당히 무르익어서 우리는 그 관계가 연애라고 느끼지 못한다.

처음 손을 잡은 날을 보지는 못했으나 마지막 순간은 우리가 기억할 수 있지 않을까. 가장 가까이서 보고 지내는 사랑은 부모님의 연애가 아닐까. 이성적인 설렘과 심장이 뛰는 순간들을 지나 가장 고요하면서도 아름답게 저물고 있는 그런 연애. 아직도 나는 부모님의 연애를 알아가고 있다.

스물아홉 번째
## 나는 더 울고 싶은데

많은 이별을 겪어요.
초등학교 때는 같은 반 친구가
전학 갔다는 사실 하나로
'꼭 한번 만나고 싶다'라는 프로그램에
사연을 적어볼까 생각하며
몇 주 내내 그리워한 적도 있어요.

사정이 생겨서 누군가와 멀어지면
언젠가 다시 만나서 밥이나 먹자고
기한 없는 약속을 하기도 하죠.

어릴 때는 그 약속이
당연히 이루어질 거라 믿었는데
이제는 어렴풋이
이루어지지 못할 약속이 있다는 것도
인정하는 시기가 되어가네요.

근데 아직도
예고 없이 찾아오는 이별은
인정하고 싶지 않아요.

익숙해지고 싶지도
성숙해지고 싶지도 않은데
주위에 여러 사람이
떠나가는 걸 보면서
'어른'이라고 스스로 인정하기를
강요받는 거 같아요.

아직 받아들일 준비가 되지 않았는데도
미처 성장하지 못한 우리의 성숙함을
강제로 싹틔우고 열매를 맺으라고
깊숙이 뿌리 내리게 하는 이별이
참 밉다고 생각했습니다.

보내야 하는 사람이 너무나도 많아서
수많은 죽음을 덤덤하게 맞을 준비가
여전히 되어 있지 못해서
앞으로도 많이 울어야겠네요.

닿지 못하는 한마디.

누구도 말을 걸어주지 않기를 바라는 때.

새벽에 숨어서 세상에 드러나지 않기를 바라는 때.

그러면서도 겨울을 지켜보고 있다는 사실을 누군가는 알았으면 하는 때.

텅 빈 마음에 눈조차 내리지 못하게 하지 말자.

서른 번째
# 아버지라는 이름

아버지께서 자영업을 그만두시고 취직을 준비하시기 전 겨울이었어요. 15년 전 제과점을 처음 시작하시고 맞은편 슈퍼가 세 번이나 바뀌는 동안 꿋꿋하게 자리를 지켜온 우리 제과점은 아버지의 성함으로 이름 지은 ○○○ 베이커리였죠. 다른 동네 제과점보다 잘된다는 이야기를 들을 때마다 우리 제과점이 최고라고 생각하고 자라왔고, 밀가루를 좋아하던 나는 계산을 거치지 않고 빵을 먹을 수 있는 유일한 사람이었습니다. 머리가 좀 크고도 우리 제과점을 스스로 나서서 꾸미진 않았지만 빵 냄새는 여전히 싫지 않았고 평온하고 익숙한 공간으로 간직하며 자라갔어요.

제가 고등학생 때쯤부터 대형 프랜차이즈가 활성화되더니 제과점이 조금씩 기우는 걸 느낄 수 있었습니다. 아버지와 연락하시던 동네 제과점 사장님들도 한두 분씩 문을 닫기 시작했고, 마지막까지 버티던 우리 가게도 결국 문을 닫는 결정을 내려야 했죠. 새벽 6시에 문을 여시고 밤 11시에 문을 닫고도 다음 날 장사 준비로 새벽 1시가 넘어서야 주무시던 아버지께서 더 이상 버티기 어려우셨던 거 같아요. 제빵 기술을 제외하곤 다른 것에 노력을 투자할 시간이 부족하셨던 아버지는 늦은 나이에 며칠을 고민하셨습니다. 배웠던 기술이라곤 제빵뿐인데 전혀 다른 일을 시작해야 할지 걱정하셨죠.

늦은 때에 다시 자리를 잡기 위하여 여전히 고군분투하고 계셨던 우리 아버지. 무어라도 해야 한다는 의무일까요, 또는 책임감일까요. 주머니에서 손을 빼는 사람이 없는 날씨에도 아버지는 일일 공사 현장에 나가셨어요. 놓고 온 게 있어서 가져다 달라는 연락을 받기 전까지 저는 그런 현장에 가셨는지도 몰랐습니다. 다행히 위험한 일은 아니고 공사 현장 근처에서 차량들의 출입을 통제하는 역할을 맡으셨습니다. 근데 집에서 나가실 때 놓고 가신 물건이 있으셨는지 어머니께 부탁하여 가져와 달라고 전화를 주셔서 함께 나가게 된 거죠.

"바로 앞까지는 못 들어오고 그 길로 오다 보면 들어오지 말라고 막혀 있을 거야. 거기서 전화 주면 돼."

아버지로부터 전화를 받으신 어머니는 저에게 나갈 채비를 하라고 하셨어요. 잠시 가져다드릴 게 있으니 같이 다녀오자고 하셨죠. 패딩을 입고 자크를 잠그며 어머니를 따라나섰고 그렇게 집에서 15분 정도 떨어진 공사 현장으로 갔습니다. 공사 현장까지 가려면 지나가야 하는 도로가 있는데, 당시에는 지금처럼 포장이 잘된 도로가 아니었기 때문에 사람이 걷는 건 둘째 치고 차도 왕래하기 좋은 곳은 아니었습니다. 뜨문뜨문 띄어진 가로등 불에 의지하여 아버지가 말씀하신 곳까지 차를 운전하여 차를 세워놓고, 아버지께 전화를 드린 후에 잠시 기다리고 있었죠. 얼마 뒤 희미한 가로등 불에 의지하여 저 멀리서 아버지가 다가오시는 게 보였어요. 찬 바람에 밀려나 석양조차 어둠으로 드리워진 밤중에 아버지의 입김만이 환하게 보일 뿐이었습니다.

차로 가까이 오신 아버지께서는 놓고 갔던 물건을 받으시고 얼어붙은 얼굴에 미소를 보이셨습니다. 주머니에서 핫팩을 꺼내 보이며 아직 따뜻해서 괜찮다고 안심시키는 그 말이 아직도 내 마음에 식지 않고 남아서 그날을 이따금 떠올리게 하네요.

그런데 저는 왜 유년기에 느꼈던 아버지의 듬직함을 닮을 수가 없을까요. 아무것도 모르던 그 시절에 불안함 하나 없이 마음 놓고 잘 수 있었던 건 제 불안감마저 고스란히 간직하셨던 아버지가 있기 때문이 아닐까 싶어요. 가장 느끼기 싫었을 불안함을 자식이 느끼는 것이 더 견디기 힘들어서 자의 없이 견고해지셨을지 모르겠습니다. 간혹 반항하며 잘못된 길을 걸을 때 따끔하게 혼내시고 안아주시던 아버지는 가족이 가라앉지 않도록 쉴 새 없이 노를 저으셨던 것을 이제야 어렴풋이 알 것 같아요. 가정에 대한 사랑과 책임감이라는 찬란한 압박 아래에서 그렇게 우리를 짊어지고 걸어가셨던 아버지.

아버지라는 인생을 이해하고 닮아가고 싶습니다. 사람으로서 인생의 선배로서 배우고 닮고 싶은 부분을 뒤따라가려고 합니다. 밀가루가 튀던 옷, 흙 묻은 신발, 공사 현장에서 가져온 냄새. 누군가에게 불쾌할 수 있는 별거 아닌 것들이 이토록 가슴을 아프게 만드는 것을 언제나 뒤늦게 그리고 조금은 쓰리게 깨닫습니다.

서른한 번째
# 희망

조금만 손을 뻗으면 잡을 수 있을까. 마치 결승점에 당연히 꽂혀 있어야 하는 깃발 같다. 정말로 있는 것인지 그저 있다고 믿는 것인지 지금까지도 답을 내리지 못하지만, 인생을 살아갈수록 후자에 더 마음을 두게 된다.

희망을 눈으로 볼 수 없는 게 참 다행이다. 보고 나면 더 갈망하지 않게 되는 것들과 같은 취급을 한다는 게 얼마나 두려운지. 영원히 보이지 않아도 공기처럼 늘 곁에 머물러 있는 게 낫다.

내가 이루려고 했던 건 뭐였지. 손으로 모든 바닷물을 옮기고 싶었다면 쉴 새 없이 움직여야 했는데. 같이 바닷물을 퍼달라고 손을 내밀지도 못하고 바다가 너무 넓다며 불평만 옮겨 담았던 날들.

미친 듯이 노력하지 않는 나에게 바다가 너무도 광활하다. 나는 잔잔한 물결조차 일으키지 못하고 미세한 진동조차 만들어 내지 못한다. 누군가의 눈물이 되지도, 인생을 흔들지도 못한다.

깊은 바다에 빠져보았는가. 여러 웅덩이에 발을 담가보고 그것이 바다인지 느껴보지도 않은 채 다른 웅덩이를 찾아 발을 털고 나오기만 할 뿐이었다.

언젠가 뒤를 돌아봤을 때 지금 서 있는 내 모습이 과거의 희망이었기를.

서른두 번째
## 구급차

나는 누군가 죽어가는 소리라 무섭다고 했다.

너는 누군가를 살리는 소리라 다행이라고 했다.

처음으로 구급차의 사이렌 소리가 무섭지 않았다.

요란하고 시끄럽게 죽음을 알리는 게 아니라

너무도 간절하게 삶을 외치는 것을 몰랐다.

인생의 관점을 바꿔주는 순간이

그리고 그 순간을 함께해 주는 숨결이

우리의 인생을 살아가게 한다는 것을

오늘에서야 알았다.

서른세 번째
## 좋은 건 함께

사진을 해보면 정리한 카메라를 다시 꺼내는 건 정말 쉬우면서도 꽤 귀찮은 일이다. 목이나 팔에 계속 걸고 다니자니 2~3kg 정도 되는 카메라가 돌덩이처럼 느껴지기도 한다. 보통 한번 꺼내놓으면 그 장소에서 모든 것을 해결(?)하고 돌아서곤 한다. 그래도 종종 안 꺼내고는 못 배기는 장면을 마주할 때 세상에서 가장 무거운 가방 문을 다시금 여는 것이다.

몇 주 전 확인했던 비 소식에도 불구하고, 강릉에 있는 동안은 비가 내리지 않았다. 덕분에 적당히 놓여 있는 구름 뒤로 보랏빛 하늘을 담았다. 쉴 새 없이 셔터를 누르고 사진을 확인하기를 반복하는 게 내가 가진 취미의 숙명이었다. 결국, 마음에 드는 사진은 열 장을 채 얻지 못하지만, 수백 번 셔터를 누르는 것에는 후회가 없었다.

강릉 바닷가 카페에서 시간을 보내고 조금 멀리 떨어진 주차장으로 돌아가는 길. 카메라는 정리해서 가방에 넣었고 혹시 모를 소나기를 대비해 한 손 가득 우산을 쥐었다. 바닷가를 뒤로한 채 골목으로 들어서니 유리 공예를 제작하는 공방이 있었다. 창문 너머로 보이는 커플들. 그 주위를 분주하게 돌아다니시는 사장님. 그렇게 역동적인 부분에 정신이 팔려 있을 때쯤 걸음을 멈췄다.

파스텔이 흩날린 하늘과 조명, 장미를 건네주려고 세워놓은 자전거.

무언가에 홀린 듯 팔과 몸 사이에 우산을 낀 채 분리되었던 바디와 렌즈를 합치고 렌즈 캡을 열고 전원을 켰다. 그리고 수평이 맞도록 심호흡을 하고 셔터를 눌렀다. 비슷한 구도의 사진이 한 장도 없었던 걸 보니 정말 딱 한 장만 찍었나 보다. 마치 첫눈에 반하듯 나를 마주 보는 시선을 의식하지 않은 채 멍하니 한참을 서 있었다.

마음에 드는 사진이 나올 때면 어딘가 숨겨놓고 싶고 혼자만 보고 싶을 때가 있다. 괜스레 나중에 더 좋은 글이 나오겠지, 더 좋은 보정과 기가 막힌 글이 생각나겠지 하며 묵혀두고 싶은 마음이다.

근데 그냥 혼자 살아가는 세상도 아닌데 뭐 어떤가. 세상에 조금 더 늦게 내놓으면 익는 게 아니라 썩을지도 모르니까 굳이 감춰두지 않기로 마음먹었다. 조미료를 넣고 이쁘게 포장한 음식보다 조금 서툴더라도 내가 직접 요리한 음식이 더 의미가 있을 테니까. 혼자만 먹는 음식도 맛있긴 하지만 그래도 내가 만든 음식을 누군가와 함께 먹는다면 그거만큼 기분 좋은 일도 없을 거니까. 좋은 건 함께.

서른네 번째
## 가벼워지기

노트북, 충전기, 책, 핸드크림, 이어폰, 우산.
먹지 않고 가방에 그대로 놔두게 될 거 같은 사탕.
약속과 약속 사이에 있는 1시간 정도를
허투루 보내고 싶지 않은 욕심까지.
언제나 가방이 무겁다.
더워지는 날씨만 애써 욕할 뿐이다.

정작 시간이 붕 뜨게 되면 유튜브나 웹툰을 보면서
가방은 고스란히 벗어둔다.
그렇게 밤이 늦어서야 모든 일정을 끝내고 나면
미처 꺼내지도 못한 다짐들과 함께 집으로 돌아오는 것이다.

왜 아무것도 안 했을까.
왜 하루를 충실히 살아가지 못했을까.
잘못을 저지르고 시무룩해 있는 아이처럼 축 늘어져 있다.
오늘 미뤄둔 다짐을 내일은 미루지 말아야지 하면서.

펜 하나 꺼내지 못했다고 시험 전체를 망쳐버린다.
제한 시간이 없는데도 식은땀이 나고 가슴이 답답하다.

그럼에도 불안해서. 혹시나 싶어서. 언젠가 필요할지도 몰라서.
가벼워질 필요가 있다. 의식적으로.
우리는 너무 많은 짐을 가지고 나간다.
사실 꼭 가지고 나가야 하는 건 얼마 없을지도 모르는데.

숨을 들이마시고 내쉬는 것만으로 공기가 들어오는지 나가는지 안다.

마음도 그렇다.
의식하여 버리고 가볍게 뱉어야 무거운 것들이 빠져나간다.
시도조차 하지 않으면 세월이 흘러도 더 무거워질 뿐이다.

그렇게 가장 무거운 강박을 가방 속에서 꺼내고 나면
다른 것들도 꺼내기 쉽다.

조금 더 멀리 가려면 무거운 것을 내려놓아야 한다.

필요 없는 것들을 가방에서 꺼내고
필요 없는 것들을 머릿속에서 비우길.

하루가 너무 소중해서, 짧은 인생이 너무 아쉬워서
버리지 못하는 것들에 발목 잡히지 않길.

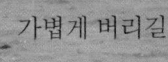

가볍게 버리길.

### 서른다섯 번째
# 빈자리

버스에 오른다. 아무도 없다.
적당히 머리를 기댈 수 있는 자리가 있다.

오늘은 도로보다 풍경을 볼 수 있는
오른쪽 창가 자리에 앉았다.
머리를 따라 온몸으로 퍼져나가는 진동이
고단했던 하루를 마사지해 주는 것 같다.

피곤한 눈두덩을 비비며 생각한다.

나는 오늘 누구를 용서하지 못했을까.
창문으로 보이는 오늘의 만남이
파노라마처럼 풍경과 함께 사라진다.

용서할 자격이 있는 것도 아닌데 용서를 운운하네.
그래도 그 사람이 그렇게 행동한 건 잘못했어.
근데 내 기준이 맞나 내가 옳지 않은 걸 수도 있잖아.
그 사람한테는 그게 최선이지 않았을까.
내가 너무 몰아세운 건 아닐까.
조금 더 부드럽게 대했다면 더 대화할 수 있었을 텐데.

조금만 더 마음이 넓었더라면.
조금 더 무디고 조금 더 온화했다면.
화가 많은 나는 오늘도 타인을 이해하지 못했다.

용서는 매번 매일 매년 평생 하는 것이다.
항상 진심 어린 사과를 한다고 해도
용서하는 사람 또한 항상 진심으로 용서해야 한다.
이만큼 사과했으면 됐다고 이야기하는 사람은
누군가를 용서할 자격이 없다.

어느 순간 용납하지 못하는 내가 되어서
버스에 이렇게 빈자리가 많나.
아무도 없는 버스가 내 탓인 것만 같아서
괜스레 마음이 무거운 날.

나를 태운 버스도 버거운지
힘겹게 오르막을 오른다.

서른여섯 번째
## 끝자락

    소방관에 도전하고자 강사를 그만두었다. 새로운 것에 도전하니 의욕은 넘쳤으나 현실로 다가온 도전의 첫걸음이 꽤 막막했다. 퇴근 후 틈틈이 공부했지만 정리되지 않은 과목이 많았다. 600페이지가 넘는 헌법책은 너무나도 두꺼운 나머지 책을 펼치는 게 두려웠다.

    그래도 내가 벌여놓은 일. 스스로 의지를 꾸준히 유지하는 사람이 아니었기에 학원에 등록했다. 학원에 등록하고 학자금을 갚고 나니 수중에 남은 돈이 십 단위로 줄어들었다. 부모님께 손 벌리는 건 재수학원 때로 충분했는데 또 도움을 요청하긴 싫었다. 아르바이트를 병행해야 하나 고민하다가 눈에 들어온 글이 있었다. 학원 근처 고시원에서 총무를 모집한다는 공고였다. 그렇게 별 고민 없이 고시원으로 향했다.

    형식적인 면접은 없고 고시원 주인 사장님과 이야기하는 게 다였다. 아침에 일어나 청소를 하고 본인 용무를 보다가 밤에는 문을 잠그는 쉬운 업무였다. 찾아오는 손님들은 전화로 방 안내를 해주면 되니까 학원은 자유롭게 다녀오라고 편의를 봐주셨다. 매일 한두 시간씩 일하고 받는 약 40만 원의 돈이 내 생활을 지탱해 주는 유일한 수입이 될 듯했다.

    지내는 방을 하나 내어주시는데 고시원의 일반 손님들과 같은 방이다. 3평 정도 되는 공간에 침대와 책상 그리고 이불이 전부였다.

그 자그만 방에 화장실이 있는 게 놀라웠다. 변기와 샤워 호스만 겨우 갖춰놓은 0.5평 정도 되는 공간에서 모든 걸 해결해야 했다. 겨울이 되어가는데도 통풍이 잘되지 않는 탓에 어딘가 습한 기분이 들었고, 벽 한편에 퍼져가던 곰팡이도 외면하고 싶었지만 아무리 노력해봐도 편히 잘 수가 없을 예감이 들었다.

부모님과 이미 이야기를 마쳐놓아서 고시원을 오며 짐을 싸 왔다. 짐을 풀고 쉬라며 사장님은 돌아가셨다. 덩그러니 방 안에 혼자 남아 침대에 앉았다. 그리고 10분 정도 침묵했다. 대화할 사람이 있는 건 아니었지만 나와도 이야기하기 싫었다. 불 켜진 방이 그렇게 어둡게 보이는 건 처음이었다.

공부도 하고 생활비도 벌 수 있다는 자신감에 무턱대고 들어온 곳은 너무나도 절망적인 곳이었다. 그날 밤에만 4번 정도 목격한 바퀴벌레를 향해 약을 쏘고 쓰레받기로 버리기를 반복했다. 화장실과 함께 있던 방에는 언제든 이불 위로 바퀴벌레가 올라올 거 같았고, 밤에도 수시로 들락거리는 사람들의 발소리는 나를 미치게 했다. 그럼에도 도망칠 수 없는 곳이라는 걸 잘 알고 있었다.

울었다. 첫날인지 둘째 날인지 모르지만 정말 펑펑 울었다. 남은 것도 할 줄 아는 것도 없이 내가 놓인 상황을 원망했다. 그때 처음 후회한 거 같다. 열심히 공부할걸. 주변에 좋은 기업으로 들어가는 친구들이 생각났고 그들과 대비한 나는 너무나도 보잘것없는 존재였다. 세상에서 제일 작아짐을 느끼며 소리 없이 통곡했다. 눈물이 멈추질 않았고 밤이 너무 무서웠다.

　벗어나고 싶은 침대인데도 얼굴을 파묻고 그렇게 쉴 새 없이 침대를 적셨다. 벼랑 끝은 진짜 있다. 아마 나는 그 벼랑 끝이 보이지 않도록 서 있었을 뿐이다. 끝이라도 보이면 좋으련만 바닥이 보이지 않는 어둠 속으로 얼마나 추락할지 몰라서 더 두려웠던 거 같다. 그리고 무릎을 꿇었다.

　살려달라고. 내가 믿는 하나님이 나를 보도록 세상에서 가장 슬픈 사람처럼 애원했다. 불쌍하고 안쓰러워서 조금이라도 도울 마음을 느끼시라고 한 시간을 계속해서 울었다. 감정이 자극을 지배해서 저리고 아픈 줄도 몰랐다. 그 와중에 이러고 있으면 안 되는데 하며 흘러가는 시간을 아까워했지만, 일어날 힘이 다 빠져 그대로 잠이 들었던 거 같다.

　나는 아직 절망을 덜 맛본 거 같다. 1년 뒤 소방 시험에서 떨어지고 지금은 취업해서 평범하게 살아가고 있으니 말이다. 그런데도 그 암흑과도 같은 시기를 굳이 되새겨 보는 이유는 다시 일어나기 쉬워졌기 때문이다. 소방 시험에 떨어지고 준비한 1년을 보상받지는 못했지만 울지 않았다. 슬픈 감정에 무뎌졌다. 이제 뭘 해 먹고살아야 하나 막막함은 있어도 절벽에 대한 공포가 이전만큼 크지 않았다. 현실을 인지하고 느꼈던 불안이 트라우마로 남지 않고 멘털을 단련시키는 계기가 됐다.

　학원 옥상에 올라가 뛰어내렸으면 끝났을 인생이지만 지나고 돌아보니 그땐 그랬었구나 하며 넘길 정도다. '지나고 나면 괜찮다는 의미가 없다 지날 때까지 버틸 힘이 있느냐가 문제니까' 몇 년 전에 봤던 글이 나의 인생이 될 수도 있구나. 그 지옥으로 다시 들어가고 싶은 생각은 전혀 없다. 그래도 그 지옥 덕분에 모든 불이 뜨겁지 않음을 느꼈으니 그걸로 만족한다.

 외롭고 비참하고 화나는 일종의 부정적인 순간들은 매번 온다. 내가 가만히 있는다고 지나가지 않는다. 사람을 만나는 곳이든 홀로 있는 곳이든 나의 감정과 기분을 스스로 조절할 수 없는 순간들은 근처에 언제나 도사리고 있다. 그에 따라 느껴지는 모든 감정을 통제하기란 불가능하다. 우리는 결국 관점을 바꿔야 한다. 태도를 바꾼다고 말해도 좋다. 절망에 잠식당하지 않을 정도로 적당히 슬퍼하는 방도를 대비해 두는 것도 좋은 방법이겠다. 경험을 통한 단련이 대부분 이어도 의외로 주변 사람의 이야기를 듣고 그들의 해결 과정을 머릿속에 집어넣으면 언젠가 떠오르기도 한다.

 이만큼 절망해 보았으니, 너의 절망은 충분히 이해한다는 말이 아니다. 온전한 이해는 말로 할 수 있는 게 아니니까. 그냥 말로 설명하기 어려운 위로를 보내고 싶다. 이 글을 보는 누군가는 다른 누군가에게 상처받았을 수도 있고 업무적인 부분에서 성과를 올리느라 스트레스를 받을 수도 있고 모든 걸 잃고 덩그러니 세상에 남아 있는 가장 작은 나를 느낄 수도 있다. 가장 애타게 슬퍼하길 바란다. 누구도 보고 싶지 않고 어떠한 위로도 통하지 않는 참담한 그 순간이 조금 덜 아프게 지나갔으면 좋겠다. 자신의 감정은 자신이 제일 잘 알 테니까.

그리고 머지않아 일어났으면 좋겠다. 극단적인 선택은 내 글의 종착점이 아니다. 지금의 감정 옆에 있어 주고 싶다. 얼굴도 모르는 사이지만 다시 일어나는 힘은 별거 아닌 글에서 올 수도 있지 않은가. 당장에 행복할 수 없어도 천천히 행복해지길 바란다. 지금은 너무나도 많은 눈물을 흘리고 있겠지만 서서히 눈물이 말라가길 바란다. 벼랑 끝에 누군가와 함께 있는 생각은 해본 적 없다. 그런 순간에 옆에 누군가 있다는 게 마냥 든든할지도 미지수다. 그래도 옆에 앉아서 아무 말도 하지 않고 가만히 있어 주고 싶다. 세상이 빼앗아 간 온기가 미약하게라도 느껴지게 해주고 싶다. 다시 일어나서 희망을 가지기까지 손가락으로 붙잡고 있는 바짓자락을 놓아주고 싶지 않은 날이다.

## 끝자락_2

바위 사이로 스며드는 핏방울.
내가 밟고 걸어가는 바위보다 언젠가는 더 단단해지기를 바라면서
어금니를 꽉 물었다.
불어오는 바람에 휘청거리다 바위틈에 발이 끼여도 다시 걸어 나왔고
발을 헛디뎌 살갗이 쓸려도 바지를 걷어 올린 채 다시 바다로 향했다.
그렇게 지나온 길을 돌아볼 틈조차 허락하지 않은 채
광활한 바다를 꿈꾸며 걸었다. 나에게 자유를 줄 수 있는 그런 바다.

흐르는 물을 닮으면 인생이 순탄하게 흘러갈 줄 알았다.
근데 아무리 유해지고 맑아지려고 노력해도 소용없었다.
본질은 변하지 않는 탓일까.
맑아질 수 없던 나는 불행을 찾아 하루에도 수없이 뒤척이고
이따금 찾아오는 행복을 부정했다.
어차피 오래 가지 못할 거라고.
잠시뿐인 감정이니 다시 불행해질 준비를 하자고.

삶을 향해 다가오는 거대한 파도들과 정면으로 맞섰다.
흘러가는 물은 부딪혀도 비켜 갈 줄 아는데
나의 인생은 언제쯤 부표처럼 파도를 따라 떠다닐까.
절벽 끝에 가서야 손과 발에 시선이 멈췄다.
베이고 찢기고 흙이 묻은 게 낯설지 않았다.

다른 이가 상처받는 것은 극도로 두려워하면서
나의 상처는 전혀 보살피지 못한 게 정말 값진 시간이었을까.
몇 걸음만 더 내디디면 끝이다.
바다처럼 흘러가지 못한 과거도
바람처럼 날아가지 않을 미련도 모든 게 끝난다.
누구도 생각이 나지 않는다.
가족도 친구도 후회될 만한 것들은 남기지 않고 오길 잘했다.

떠다니는 인생들이 출렁인다.
 신발 한 짝을 남겨둔 채
 자유를 찾아 뛰어내리는 삶이 얼마나 쓸쓸할까. 누군가는 그 신발을 가슴에 품고 평생을 살아갈 텐데.

너울 하나를 유심히 바라본 채 찰나를 머뭇거린다.
아득해진 정신을 부여잡았을 땐 지켜보고 있던 파도를 놓쳤다.
지금쯤 저만치 갔을 텐데 어디로 갔지.
다 똑같이 생겨서 찾을 수가 없네.
바다는 이름 없는 파도들로 가득하구나.
모든 파도가 같으면서도 다르다는 사실에 덜컥 눈물이 난다.
사납고 높아 보이던 파고도 사실은 물이었다는 것을.
그냥 모두가 울부짖기도 하고 잠잠하기도 한 물이었다는 것을.

다시 한번 발을 바라본다.
바위를 밟고 온 나의 발이 가엾다.

발을 들어 발바닥에 붙은 모래를 툭툭 털어낸다.
그리고 신발을 신는다.

잠시 일렁이는 수면을 바라보다가
여기까지 온 이유를 잊은 채 바다를 등진다.

까마득한 일상이 여전히 막막하다.
그래도 다시 바다를 향해 돌아오지 않아도 괜찮다는 마음이 든다.
바다가 너무 많은 것을 품고 있어서 나마저 내던질 수가 없다.
조금 더 가벼울 나의 한숨만 이름 없는 파도 하나에 띄워 보내리라.

서른일곱 번째
# 잊기 힘들어도 괜찮아

힘든 기억과 좋은 기억이 너무나도 엉켜 있어서
원치 않아도 매번 뭉쳐 있는 실타래를 풀어봅니다.
너무나 설레게 했고
너무나 아프게 했기에
어떻게 기억해야 할지
어떻게 잊어야 할지
아직까지도 잘 모르겠어요.

오늘도 잊히지 않아서
덜 기억하는 방법을 택했습니다.

가만히 누워 있으면
처음 만났던 순간부터
좋았던 추억들을 곱씹고
가장 행복했던 순간들을 지나
왜 그렇게 행동했는지
왜 나로는 만족하지 못했는지
제가 증오했던 당신의 과거를
어느 순간 닮아가 버린 저를
가장 미워했습니다.

잊히지 않는 기억들이
오늘 여기저기에 쌓여 있어요.
너무도 큰 상처를 남긴 당신을
이토록 그리워한다는 게
정말 바보 같은데
그래도 너무 보고 싶습니다.

이제는 저를 용서해 보려고 해요.
그만큼 미워했으면 됐다고
그만큼 사랑했으면 충분하다고
제가 묶어놓은 족쇄를
이제는 제 손으로 풀어도 된다고.

가끔은 울면서 지새우는 밤에
눈물 한 방울마다 기억 한 움큼씩
원망도 아픔도 흘려보냈으면 좋겠습니다.
누군가에게 사랑받을 수 있고
사랑할 수 있는 사람이라고 생각하면서요.

더는 찔렸던 자국을 만지며 아파하지 않기를.
흉터로 남아 사라진 고통 위에 추억만 남기를.
잠 못 드는 밤에 눈을 감으면서
조금은 잊기 힘들어도 괜찮다고 말해주기를.

서른여덟 번째

## 화마

바닷바람이 친절히 지퍼를 올린다.
엉겨 붙는 자크에 심술이 난다.
조금만 쌀쌀해도 되잖아.
화가 풀리지 않으니 누군가 중재할 수밖에.
얼어붙은 관계 속, 조그만 틈을 비집고 들어와 서로의 얼굴을 붉힌다.

냉랭한 사이에서 살을 맞대고 부비는 온기에
마음이 녹는 건 어쩔 수가 없나 보다.
마치 화해하라고 애교를 부리는 아이 같다.
사그라드는 마음과 함께 일순간 일어났던 심술도 사라진다.

쓰고 남은 불이 누군가의 삶이 된다.
홀로 바다를 찾은 이에게 다시금 열정을 불어넣는 횃불이 되고
함께 바다를 찾은 이에게 서로의 살결을 느끼게 해주는 온기가 되며
가지고 있던 미련을 날려 보내줄 불씨가 되기도 하고
꺼져가는 삶을 다시 살리는 불꽃이 되기도 한다.
그렇게 또 다른 불꽃이 누군가의 삶을 비춘다.

내 삶은 어땠을까.
누군가의 빛이 되어본 적이 있었나.
나를 보고 안심하는 사람들이 있었으면 했는데.
세상을 환하게 비추는 빛이 될 수는 없었을까.

조금 더 환하게 빛나는 방법을 알았더라면
내 곁에 있던 이들이 떠나지 않았을 텐데 하는 일말의 후회들.
다른 이의 인생이 반사되어 스스로 빛을 낸다고 착각하던 날들이었다.

아직도 더욱 밝게 빛나는 방법을 찾는 중이다.

눈을 감고 있어도 일렁이는 온기로 눈가를 보듬어 줄 자그마한 빛.
죽어가는 누군가의 삶을 살려내기에 부족하지 않은 따스한 빛.

그런 나지막한 불꽃이 되고 싶다.
멀리서도 보이는 빛이 되고 싶다.
스스로를 태워서 다른 누군가의 어둠을 밝게 비추는 촛불이 되어
그의 인생에 거대한 화마로 기억되고 싶다.

서른아홉 번째
## 오후 전철

그냥 의미 없게 사는 게 편해서
더는 아등바등 살아갈 힘도
여력도 미련도 없어서
전철에 앉아 이어폰을 꽂고
모든 소음을 닫는다.

삶은 의미 없지 않다는 말에 동의하면서도
때때로 무의미한 삶이
인생의 대부분을 차지하는 것에
반박하지 않는다.

그냥 창밖을 바라보다 눈을 감으면 안 되려나.
어두운 방에 누워 몇 시간을 흘려보내면 안 되려나.

의미 없다고 생각하는 인생이지만
그게 내 하루인걸.

휴식을 부정하는 강박에 갇혀
관계에 관한 책을 읽고
떠오르지도 않는 글을 쓰고
어떻게 통장의 잔고를 늘릴까.
매일같이 허덕인다.

어쩌면 내게 필요한 건
남들처럼 살아야 한다는 강박이 아니라
조금은 쉬어도 괜찮다는
나에게 하는 위로였을 텐데.

누군가는 세상을 돌아가게 하는 시간에
같은 곳을 맴도는 전철 안에서
멍하니 창밖을 바라봐도 괜찮다는
나에 대한 용납이었을 텐데.

평범함에 악착같이 매달릴 필요 없다고.
가끔은 남들과 다르게 쉬어도 된다고.

전철도 정거장에서는 멈추는데
이제 멈출 때도 됐다.
조금만.
천천히.

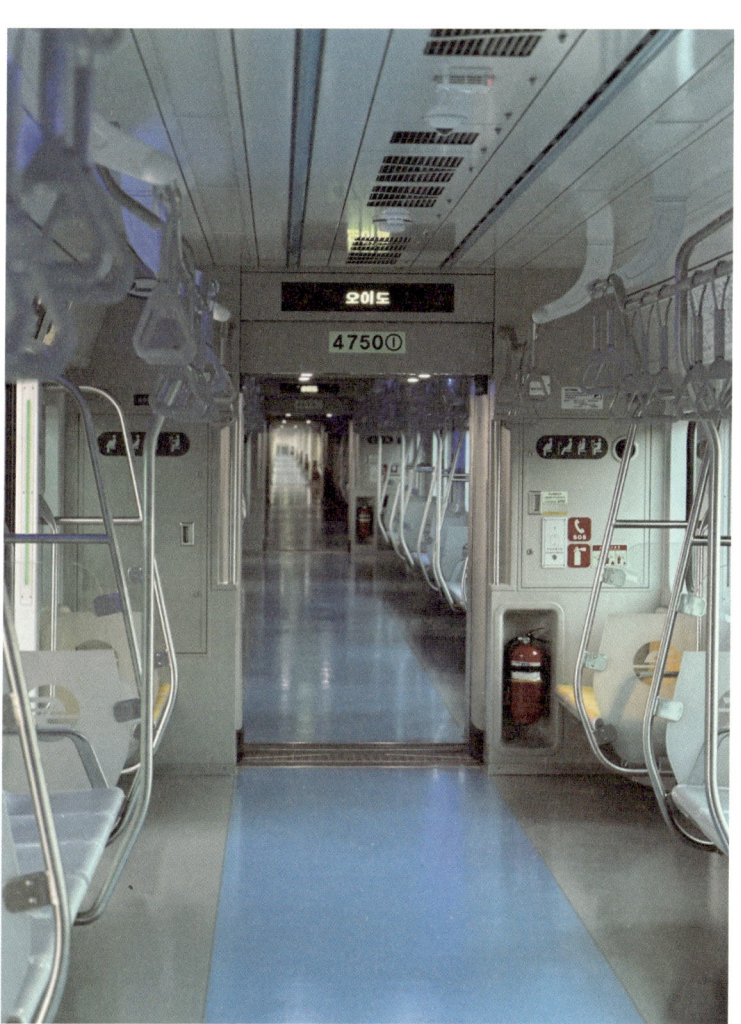

마흔 번째
## 아기 부모

"넌 꿈이 뭐야."

"딱히 없었는데 지금은 아이들을 위해 살아야겠다는 거?"

초등학교부터 가깝게 지낸 친구가 부모가 됐다. 아이가 태어났고 자연스레 아이를 안고 있는 친구가 낯설었다. '부모'라는 단어는 더욱 낯설다. 서로의 부모님을 바라보고 자라온 친구들이 하나둘 부모가 된다. 오묘한 이 기분. 나도 부모가 되려면 마음의 준비를 해놓아야 하나.

하나의 생명을 책임지고 세상이라는 거대한 무대에 함께 선다. 어떠한 스포트라이트도 없지만, 최선을 다해 무대에 선다. 아이는 무대 중앙에 설 줄도 모르고, 여기저기 뛰어다니다 넘어지기 일쑤다. 그 뒤를 따라다니는 부모도 마찬가지다. 같이 넘어지기도 하고 아이의 눈높이에 맞춰 일부러 넘어지기도 해야 한다. 모두가 인생의 프로는 아니어서 모든 게 어색하다.

그래도 부모는 절대 무대에서 내려가지 않는다. 언젠가 자신의 아이가 세상의 평가를 받아야 할 때를 위해 자신이 평가받는 걸 신경 쓰지 않는다. 좋은 것을 입히고, 좋은 성품과 인격을 가르치고, 무대에 홀로 서 있어도 울지 않고 굳건한 아이가 되기를 바라는 마음으로 분주히 뛰어다닌다.

뭘까. 부모가 된다는 건.

주머니에 책임감을 한가득 넣어놓고 바지가 흘러내릴 때마다 허리춤을 잡고 행복하게 웃을 수 있는 게 부모일까.

친구의 웃음이 귀에 맴돈다. 아이가 무대에서 무엇을 하든 함박웃음을 지을 거 같은 친구의 꿈이 오늘따라 유난히 커 보인다.

마흔한 번째
## 좋은 날

유난히 빗소리가 좋은 날.
우산을 발판 삼아 바닥에 떨어지는 빗방울이 좋아서일까.
자그마한 우산이 가방을 다 가리지 못해도 괜찮다.
내가 조금 더 웅크리면 되니까.

흐린 날의 적적함이 오늘을 의미 있게 한다.
공원에 산책하는 이가 없고
운동장에서 뛰어노는 아이들도 없지만
소리로 가득 채워진 일상을

잠시나마 잠잠하게 해준다.
숨 쉬는 가슴마저 차분하게 해주니 더할 나위 없다.

요동치는 내 감정과는 다르게
변함없이 내려주는 비는 일말의 동요가 없다.
그래서 비가 좋다.
분노를 머금은 채 내린다면 그만큼 내가 잘못한 거겠지.

나에게 변함없는 존재가 또 있을까.
사람은 모르겠다.
변함없이 나를 바라보는 게 가능하지 않다고 생각하니
무조건적인 욕심은 포기한다.
같은 우산을 써도 젖어가는 발이 다를 수 있는 것처럼.

빗속을 걷는다.
그쳐도 좋고 계속 내려주어도 좋다.

정처 없이 걸어도 좋고 집으로 가는 길이어도 좋다.
비를 내리는 것을 선택할 순 없어도 그저 좋다.
우산이 없어도 된다고 생각했다면
어느 날이어도 나는 그냥 괜찮다.

젖어 있는 하늘을 함께 느끼고
가끔은 누군가의 우산 속으로 뛰어드는 비가 참 좋다.

높은 곳에 오르는 것을 좋아했다. 공사장 아르바이트를 할 때는 난간도 설치되어 있지 않은 옥상에 올라가 해가 지는 것을 보았다. 학원 옥상이든 아파트 옥상이든 조금이라도 오래 머물던 건물에서는 한 번쯤 옥상에 올라가곤 했다.

한눈에 볼 수 있는 풍경, 너무도 자그마한 사람의 형체, 끝과 끝이 보이는 지하철은 꽁무니가 사라질 때까지 지켜볼 수 있었다. 모든 문제가 작게만 느껴질 정도로 높은 곳에서 그렇게 세상을 응시하곤 했다.

그런데 학창 시절을 지나 더 높은 곳을 갈망할수록 가장 작은 것은 내가 아닌가 생각하게 된다. 꿈으로 온 세상을 덮을 거 같던 무지의 시절은 작은 우물을 겨우 가리는 수준이었다. 눈높이는 높아져만 가는데 정작 그 기준에 근접하려는 노력은커녕 그 기준을 낮추려는 양보조차 하지 않았다. 나를 변화시킬 힘이 있을 때 세상을 담을 정도로 커졌어야 했다.

나의 20대는 허황된 꿈이었을까. 무엇 하나 확신 없이 부딪히고 넘어지는데 아플 틈도 없이 일어났다. 그래야만 할 거 같아서. 남들도 참고 더 높은 곳에 오르는 거 같아서. 멈춰 있으면 오아시스를 발견하지 못하고 남들한테 물을 얻어먹어야 할 것 같아서 미친 듯이 뛰었다. 손을 벌리기 싫었고 그래서 눈앞에 보이는 것들을 쫓았다. 목표 없이 달리더라도 오아시스만 발견하면 모든 게 해결된다고 생각했다. 무엇이든 닥치는 대로 손에 쥐기 위해 살았다.

흘러내리는 모래와도 같은 결과물들을 움켜쥐었던 건 아닐까. 사실 모든 게 모래처럼 영원히 움켜쥘 수 없었던 것일지도 모르는데.

작은 사람들, 작은 물체들, 작은 사회. 작게만 보이던 사회로 들어가면 가장 작은 건 나였다. 누군가가 보기에 옥상에서 보는 작은 물체가 바로 나였다. 신경 쓸 필요조차 없는 그런 존재. 그저 세상을 이루는 가장 작은 점에 불과한 존재. 그런 존재가 나였다.

많은 꿈을 가슴에 묻어두면서 꿈을 꾸지 않는 법을 배웠다. 나를 달려가도록 속이는 꿈에게 속지 않기 위해 애써 외면하기도 했다.

아직도 어렵다. 어떤 게 신기루인지. 어떤 것이 헛된 것들이고 어떤 것이 옳은 것인지. 여전히 구분하기 어렵다.

그래도 이따금 뛰어내리고 싶은 삶에서 나를 살게 하는 건 신기루였다. 그것이 내가 다가가기 전까진 진실이었다. 오히려 가까이 다가갔기 때문에 손에 잡을 수 없던 것을 알 수 있었던 건 아닐까 싶다.

오늘도 나는 사라질 것들을 먹는다. 그것 때문에 살고 또 꿈을 꾼다. 영원히 남아 있지 않을 걸 알면서도 걷는다.

언젠가 신기루조차 손에 쥘 날이 오기를 믿는다.

마흔세 번째
## 산을 오르는 것은

누군가와 함께 약속을 잡고 만나서 이야기하고. 웃고 떠드느라 시간 가는 줄 모르고. 하지만 모두와 가까이 지낼 수 없는 것을 잘 안다. 올라가는 사람이 있으면 내려오는 사람이 있듯이 스쳐 지나가는 인연으로 남을 뿐이다.

아끼는 사람들과 함께 산을 오르는 게 쉽지만은 않다. 사랑하고 또 상처 주느라 산을 오르는 게 벅찰 때도 있다. 가끔은 대화 없이 서로의 등만 보면서 올라야 하기에 외로울 때도 있다. 같은 방향을 향해 가고 있지만 어딘지 모르게 홀로 걷고 있는 느낌이 든다.

숨이 차고, 남은 거리에 좌절하고, 포기하고 싶다가도 고개를 들면 발아래의 세상이 너무도 아름다워서 내려놓고 싶은 마음을 다잡게 된다. 그리고 그 풍경을 같은 곳에서 바라보는 사람이 있다는 생각이 들면 문득 혼자가 아니라는 사실에 정상까지 오를 힘을 얻는다.

각자가 시간을 내고 같은 기억을 담을 수 있다는 건 산이 주는 축복이다. 산을 오른다는 것은 하나의 인생을 오르는 것이다. 설레는 마음으로 도전했다가 후회하기도 하고 발을 헛디뎌 크게 다치기도 하고 같이 가는 사람이 했던 말 한마디가 가슴에 박혀 다시는 산에 오르기 싫어지는 것이 그렇다.

하지만 산을 함께하는 인연들과 함께 이겨내고 힘들 때는 서로 도우며 울고 웃고 같은 바람에서만 느낄 수 있는 감정들을 공유하는 게 산을 오르는 것이다.

나무가 없다고 산이 아니란 법은 없다. 새로운 나무를 심고 자라기까지 함께하는 것도 하나의 산을 오르는 것과 같다. 새싹이 돋아나고 푸른 잎이 돋아나듯이 언젠가 봄을 맞이할 수 있게 산을 사랑하는 것이 인생이다.

서로의 인생을 동반한다는 것. 단풍이 드는 것을 보고 덮여 있는 눈이 녹는 것을 함께 바라보는 것. 같은 계절을 바라볼 수 있는 산에 오른다는 것이 얼마나 행복한 우연인가.

오늘도 나는 나갈 채비를 한다. 오르고 오르다 보면 알 수 있을 거 같아서. 산도. 사람도.

마흔네 번째

# 이름 모를 꽃

 꽃이 하루 만에 피고 지지 않는 것처럼 우리 또한 그렇다. 비바람이 몰아치고 누군가가 짓밟을지라도 다시 뿌리를 내리고 꽃을 피우는 과정은 찰나에 이루어지는 것이 아니다. 우리가 겪는 수많은 시련을 당장에 이겨내지 못하더라도 머지않아 꽃을 피우리라. 어느 날은 좀 지고 어느 날은 다시 또 피우기를 반복하며 만개하는 순간의 황홀함을 세상에 흩날리리라.

 우리는 꽃이다.

마흔다섯 번째
# 오랜 친구

어둑해지는 도시의 불빛들을 뒤로하며
점점 파도와 가까워지는 기분은 어딘지 모르게 좋다.
어둠을 타고 들려오는 파도 소리.
쉴 새 없이 멀어졌다 다가오기를 반복하는 파도 소리.
귓속 한가득 파도를 담으면 어떠한 소음도 생각나지 않는다.

홀로 덩그러니 앉아 초점 없는 시선으로 바다를 본다.
파도를 향해 침묵해도 파도는 묻지 않는다.
왜 거기 앉아 있는지.
왜 가만히 듣고만 있는지.
뱉은 적도 없는 고민이 파도에 쓸려 간다.

세상에 같은 파도가 없듯이
파도가 들려주는 이야기도 매번 다르다.
힘들었던 순간, 그리웠던 순간, 울고 싶은 순간을
정말 많이 간직하고 있다.

바다가 마르지 않는 건 사람들이 너무 많이 울어서가 아닐까.
매일 슬픔을 흘리느라 파도가 높아지는 건 아닐까.
그럼 더더욱 눈물을 흘리지 말아야지 다짐하면서도
오늘은 울어도 괜찮다며 바다를 향해 토해내는 울분들.

바다가 넓어서 다행이야. 바다가 깊어서 다행이야.
수십 번 수백 번 파도가 몰아치고 뒤섞여서
나의 고민과 눈물이 심연 속을 헤엄치다가 사라지길.
바다와 인연이 있다는 것은 참 감사한 일이다.

마흔여섯 번째
# 사랑이 아닌가

앞서가는 사람들을 보며 처음 들었던 생각은
'부럽다'
나는 사랑을 모르는데
사랑을 알고 뛰어가는 사람들을 보며
나는 모르는 것을 안다는 사실이 부러웠다.
현실은 다르다는 것을 알면서도
마음 한구석에 이상을 꿈꾼 나에게
그들이 짓는 웃음은
서로를 보는 표정은
여전히 꿈을 꾸게 했다.

그들도 사랑을 모른다 할까.
그냥 때가 되었으니까.
다른 사람들도 그렇게 하니까.
살아보면 다르다고.
사랑은 잠시뿐이라고.
우리도 사실 아무것도 모른다고.

사랑한다고 말하지 않아도
같이 손을 잡고 흙을 밟을 수 있는 것.
그게 사랑이 아닌가.

처음 가보는 숲에서 같이 걷는다는 사실만으로
주변에 나무가 낯설지 않다는 게
그게 사랑이 아닌가.

인생에서 가장 아름다운 순간으로 남기는 이 시간을
묵묵히 지켜보고 기다릴 수 있다는 게
그게 사랑이 아닌가.

함께 보던 꽃을 잘 모아두었다가
예쁘게 묶어내어 선물하는 게
그게 사랑이 아닌가.

부럽다.
사랑을 모른다고 하지만
사랑하고 있어서.
내 눈엔 그게 사랑 같아서.

네가 있어서 부를 수 있는 것.
그게 사랑이 아닌가.

마흔일곱 번째
# 빗방울

어김없이 밀려오는 비에 고개를 들었다.
하얀색 구름이나 검은색 구름이나 쏟아내는 비가 똑같았다.
대부분은 우리가 알지 못하는 많은 곳에 떨어진다.
손바닥을 때리는 비들은 조금 특별할까.
우산 끝에 매달린 물방울은 얼마나 기억될까.
그들에게 이름을 붙인 적도 감정을 가져본 적도 없는데.
여전히 관심이 없고 앞으로도 생각나지 않을 텐데.
서운하려나.
서운할 수도.
우산을 푹 눌러쓸 걸 그랬다.
나도 수많은 빗방울 중 하나여서 누군가를 챙길 여력이 없다.
찰나에만 가로등 불빛을 머금고 떨어지는
수억 개의 빗방울 중 하나일 뿐이다.
그래도 우산 끝에 매달리는 빗방울 정도는
손등을 스쳐 가는 빗방울 정도는
기억해야 하지 않나.
비가 아닌 빗방울이라는 이름으로
내 손을 적신 물방울이라는 이름으로
기억해 주어야 하지 않나.
우산 바깥으로 손을 내밀어 본다.
차갑네.
근데 조금 따뜻한 것도 같아.
오늘은 우산을 조금 젖혀볼게.

마흔여덟 번째
# 힘내보다는 힘내서 해

상대에게 고민을 털어놓고 나면 돌아오는 말들이 있다.

잘될 거야. 힘내. 잘하고 있잖아. 진지하게 어깨를 토닥여 주는 선배는 너무도 듬직했고 가볍지 않게 내 감정에 동화되어 주는 친구들은 너무도 든든했다. 가슴이 뭉클해지고 세상에 혼자 있지 않다는 그 느낌이 나를 다시 살아가게 하는 동력이 되었다.

근데 어느 시점부터 이런 위로들을 무의미하게 받아들였다. 나와 가깝든 가깝지 않든 이제는 내가 '형식적'이라고 정해놓은 위로들이 거부감이 든다. 내 마음이 삐뚤어진 걸까. 생각해서 건네주는 한마디인데 내 마음은 절대 위로받지 못할 거라고 확신했다. 아니면 현실을 깨달은 걸까. 그건 언제나 슬픈 말인 것 같다.

신기하게도 최근에 더 힘이 나는 말은 힘내서 열심히 하라는 직설적인 말이다. 뭐 해? 정신 차려. 더 노력할 수 있잖아. 졸려? 그럼 커피 마시고 끝내. 직장이랑 학업을 병행해? 네가 선택한 거니까 이 악물고 버텨. 시험이 1주일 남았다고? 건강 잘 챙기고 무리하면서 해. 형식적인 위로보다 '옳은 소리'를 해주는 사람들이 있다. 그들은 나의 재산과 지위를 거론하지 않는다. 지금의 내 상황과 행동들을 옳은 방향으로 독촉한다.

나는 그런 말을 들을 때마다 일어서고 싶은 생각이 든다. 존중을 섞은 채 정신을 차리게끔 찔러주는 말들이 고맙다. 그러면 '내가 이럴 때가 아니지. 더 열심히 해야겠다' 하는 생각이 들곤 한다.

나는 얼마나 의미 있게 찔러줄 수 있을까. 상처만 남기고 뒤로 돌아섰던 건 아닐까. 그 뒤에 새살이 돋아날 때까지 곁에 남아 있었을까. 충고와 비난의 아슬아슬한 경계선을 생각해 본다. 시간이 없고 바빠서, 소중한 사람이 아니어서 내가 돌아섰던 인연이 얼마나 많을까. 귀찮다고 무시하고 내 인생과 상관없다는 합리화로 떠나보낸 사람들이 얼마나 많을까. 그들의 인생도 변하지 않았고, 그리고 나도 변하지 않았을 것이다. 사랑하고 책임지는 것보다 무심한 게 더 쉬웠으니까.

호흡을 알려주는 것보다, 좋은 코스를 알려주는 것보다, 함께 뛰기 시작하는 게 사랑이지 않을까. 저 멀리서 멈추지 말라고 외치는 사랑을 하고 싶지 않다. 바로 옆에서 포기하지 않도록 사랑하고 싶다.

내가 사랑하는 사람들이 나로 인해 뛰고 위로받는 그런 삶이면 좋겠다. 사랑이 묻어 있는 말로 그들의 등을 따뜻하게 밀어주었으면 좋겠다. 그러다 가끔은 조금 냉정한 말로 형식적인 위로가 아닌 진심을 담아 소리쳤으면 좋겠다. 너는 할 수 있는데 하지 않는 거라고. 달릴 수 있는데 달리지 않는 거라고. 내가 함께 뛰어줄 테니 달려보자고.

그대가 망설이고 고민하는 시간을, 지쳐 쓰러져 있는 시간을 누구보다 소중하게 생각할 테니 힘내서 해라. 누군가는 힘내서 그대의 곁에 남아 있을 테니.

마흔아홉 번째
# 더는 선택하고 싶지 않은데

들어가는 길과 나오는 길이 정해져 있다면 인생은 조금 편해질까. 10대에는 공부하고 20대에는 아르바이트하고 30대에는 취업하고 결혼하고 40대에는 아이를 돌보는 게 정해진 인생이라 조금 편한 걸까. 많은 기준이 오히려 내 인생을 힘들게 하는 건 아닐까.

인생은 일정한 규칙이 적용되지 않고 매 순간이 선택의 연속이다. 들어가는 게 옳은지 옳지 않은지 판단하지도 못한 채 가만히 서서 흘러가는 시간만 애석하게 붙잡아야 한다. 고민하는 시간조차 아까워서 정작 신중하지 못한 채 중요한 결정을 내려버린다. 어디서부터 잘못된 건지 후회를 따라 지난 시간을 되짚어 보는 게 할 수 있는 전부다.

운 좋게 세상이 정해놓은 시험을 통과한다고 해도 결국은 또 선택해야 하는 갈림길이 있다. 선택의 책임을 모르고 살아온 지난날들과는 다르게 누구도 책임을 대신해 주지 않는 나의 인생을 걸고 주사위를 굴려야 한다. 오른쪽으로 가야 할지 왼쪽으로 가야 할지 간단해 보이는 선택지여도 나이가 들어갈수록 선택에는 많은 대가가 따르는 걸 알기에 오늘도 망설인다. 언제쯤 어쩔 수 없는 선택을 핑계 삼지 않고 내가 했던 선택을 칭찬할 수 있으려나.

마음 놓고 결정을 해본 마지막 기억이 언제였을까. 내가 살아가는 인생인데 내가 했던 선택은 없는 거 같다. 마음대로 할 수 없는 날씨를 마지못해 받아들이지만, 우산을 챙기지 않고 나간 나를 질책한다. 젖어가는 신발과 축축해지는 양말을 신경 쓰지 않고 걸어가고 싶었는데. 조금 잘못된 선택을 해도 나만큼은 나를 싫어하고 싶지 않다.

선택을 대하는 마음을 바꾸면 지금 맞고 있는 비가 시원해질 텐데, 아직은 빗방울이 차갑기만 하다. 우산 없이 비를 맞고 있어도, 내리는 비에 온몸이 젖어도 나만 괜찮으면 괜찮은 건데. 선택이 중요한 게 아닌 선택을 대하는 태도가 중요하다는 것을. 내가 내린 결정을 누구 하나 응원하지 않아도 나만은 괜찮다고 하는 게 중요하다는 것을.

이럴 때 누군가가 다가와서 우산을 씌워주길 바라는 건 내 욕심이려나. 혼자 맞고 있는 비도 아닌데 먹구름은 계속해서 나를 따라다니는 착각이 떠오른다. 결심했다. 오늘은 먹구름을 따라가겠다고. 빗속을 헤매고 머리가 젖어도 아무렇지 않게 털어내겠다고.

오늘의 선택을 나는 후회하지 않는다.

한곳으로 누워버린 풀들이 네가 불어오는 곳을 알려주었다.

가을을 데려오기도 하고 봄을 데려오기도 하던 네가
어느 순간 멈춰버렸을 때 나의 계절은 끝인 것만 같았다.

소리쳐도 다가오지 않는 너를 보며
내가 무슨 잘못을 했을까. 혹시 내가 미운 건 아닐까.
일부러 가지런한 풀들을 밟아 눕히며
네가 와야 하는 곳은 이곳이라고 외쳤다.

얼마나 시간이 지났을까.
다시 얼굴을 스치는 네가 왔다. 너를 느끼기 위해 팔을 벌렸다.
있는 힘껏 안아보려고 했지만 빠져나가는 너를 잡을 수 없었다.
잡히지도 않는 너를 영원히 곁에 둘 수 없다는 생각이
나를 더 괴롭게 했다.

또 이렇게 떠나보내야 하나. 우리는 운명이 아니었던 건가.
나도 너와 같았다면 함께 세상을 여행했을까.
같이 낙엽을 떨어뜨리고 봄 내음을 나를 수 있었을까.

다시 올 너를 기다리며 살아가야 할 텐데.
지나간 너를 그리워하며 살아가야 할 텐데.
손으로 가려도 온몸으로 밀려 들어온다.
아무렇지 않게 불어오는 네가 참 밉다.

하지만 사방에서 불어오던 네가 지구를 한 바퀴 도는 동안
나에게도 조금씩 변화가 찾아왔다.
너를 기다리지 않고 걷기 시작했고 언덕을 올랐다.
그곳에서 기다리는 또 다른 존재를 느꼈다.
네가 따뜻한 온기를 가져오지 않아도 되었고
애써 소리치지 않아도 매번 봄을 가져다주었다.

요란하지 않게 나의 구석구석으로 스며든 덕분에
더는 울면서 안아보려고 하지 않았다.
굳이 풀을 밟으며 소리치지 않아도 되었다.

그렇게 조용한 계절이 지나가는 중에 네가 다시 찾아왔다.
다시 봄을 가져왔다고. 이전과는 달리 계속 불어오겠다고.
근데 왜일까.
얼굴을 손으로 가리지 않았다.
그리고 팔을 벌렸다.

웃었다. 그리고 나의 뒤로 빠져나가는 너를 느끼며 눈을 감았다.
한곳에 머물지 못해서 다행이야.
잘 가. 원래부터 잡을 수 없었던 바람아.

쉰 번째
**바람**

너만큼 설레는 사람을 만나면 잊을 수 있겠다.

쉰한 번째
## 우리가 기억할게요

몇 주 전부터 설레는 마음을 가지게 했다가
찰나를 함께하고 내년에도 꼭 다시 돌아오겠다는 책임감을
어떻게 닮아갈 수 있을까요.

너무도 힘들었던 시간이 지나고 너에게도 겨울이 끝날 것이라는
따뜻한 마음을 어떻게 흉내 낼 수 있을까요.

혹시나 돌아오지 못하더라도 서운해하지 않을게요.
우리의 기억 속에만 간직되더라도 원망하지 않을게요.
우리를 떠올리고 돌아온 만큼 우리도 영원히 기억할게요.

그대가 오지 않는 시간이 익숙해질 수도 있겠지만
아직은 마음의 준비가 되지 않았어요.
제가 사랑하는 사람들과
조금 더 지켜볼 수 있게
다시 돌아와 주세요.

또 하나의 연인처럼
또 하나의 가족처럼
생애 가장 아름다운 순간을 함께해 줘서 고마워요.
푸른 세상이 돋아나는 순간을 알려주던 당신
머지않아 또다시 떠나겠지만
다시금 우리 곁에 머물러 주기를 바라요.

쉰두 번째
## 하늘의 위로

하늘은 아무것도 묻지 않고
멍하니 보는 걸 허락해 주죠
말을 걸어오는 거 같기도 해요.
힘들지 않았냐고 피곤하지 않냐고.
신호를 기다리는 짧은 순간에
잠시 바라보는 게 전부인데도
우리를 원망하지 않아요.

그래서 기대나 봐요.
지쳐 있는 나를
매정하게 외면하지 않을 거 같아서.
혼자만의 중얼거림도 받아줄 거 같아서.

어여쁜 하늘과 그 구름 속에서
따뜻한 위로를 꺼내길 바라요.
녹초가 되어 굳어진 심장이
잔잔하게 뛰었으면 합니다.

오늘의 당신
고생 많았어요.

## 쉰세 번째
## 세월의 색

    시간이 참 빠르다. 5년 전에 그랬는데 하던 시간이 10년 전, 30년 전이 됐다. 숫자를 입 밖으로 꺼낼 때면 변해가는 친구들만큼이나 커지는 숫자가 낯설다. 고등학교, 졸업, 군대, 취업, 직장, 결혼, 자식, 노후 같은 단어 속에서 살아가는 사람들과 함께 무르익는 게 묘하면서도 참 좋은 일이라는 생각이 든다. 별들끼리도 서로 만나지 못하는데 가장 작은 별에서 인연으로 함께 살아가는 게 얼마나 위로가 되는지. 서로의 찰나를 빛냈기 때문에 우리의 추억은 환했다. 어두운 청춘이 무너지지 않을 수 있었고 어둠이 나에게만 오는 것은 아니라는 사실에 안심했다. 나만 막막한 게 아니구나. 나처럼 불확실한 터널 속을 걷고 있구나. 그렇게 서로의 나지막한 빛이 되어 희망을 기대했다. 함께 걷다 보면 분명 꽃을 발견할 거라고. 밝은 미래가 펼쳐지고 미처 피우지 못한 꽃봉오리를 찾을 수 있을 거라고. 아무것도 몰랐지만, 아무것도 모르는 이들과 함께여서 세상을 모르는 게 문제 되지 않았다고.

　이제는 남은 시간이 더 적어지는데 우리는 여전히 세상을 모른다. 과거에 찾던 꽃을 발견했는지, 피우지 못한 열매를 맺었는지 알 수가 없다. 어두웠던 청춘은 지나간 거 같은데 여전히 터널을 통과하고 있는지도 모른다. 그래도 우리는 나란히 걷는다. 다른 우산을 쓰고 흙을 밟는다. 막막했던 시절을 이야기하고 미처 펼치지 못한 꿈을 나눈다. 짙어진 나무만큼이나 깊어진 주름은 개의치 않는다. 너에게 생긴 변화는 나의 변화를 뜻하기도 하니까. 같은 시간 속에서 서로가 진다. 어쩌면 우리가 그토록 찾아 헤맨 것은 가까이에 있던 인연이 소중하다는 걸 깨닫는 게 아니었을까. 한 사람의 인생이 피고 지는 걸 지켜보며 우연이 준 축복이라는 사실을 알아가는 과정이 세월의 숙제가 아니었을까. 젖은 땅에 발이 젖어도 함께 걷고 싶다. 흘러간 세월에 비해 우리의 걸음은 느려졌어도 상관없다. 쌓아온 시절이 우리의 꽃이고 길옆에 만개한 추억이니까. 언젠가 멈추는 날이 오더라도 어둠을 덮은 꽃내음과 함께 잠들 테니까.

매번 되돌아오는 봄처럼

애써 기다리지 않아도

그렇게 다시 만났으면 좋겠다.

나는 아직 봄에 대한 악몽을 꿔본 적이 없다. 애써 기다리지 않아도 매번 되돌아왔고 언제나 설렘을 가지게 하는 묘한 존재였다. 홀로 벚꽃을 볼 때는 혼자만의 봄이 좋았고 함께 걷는 연인을 볼 때면 그들의 머리 위로 벚꽃들이 살며시 내려앉는 것을 좋아했다. 겨울은 봄과 대비되는 것을 조금 억울해할 수도 있겠지만 봄도 욕심부리지 않고 오래 머물지 않으니, 겨울이 조금 덜 속상했으면 했다.

어린 시절의 봄이 얼마나 길었는지 기억나지 않는다. 언젠가 우리 곁을 떠난다고 생각하지 않아서일까. 지금은 봄이 너무 짧아서 아쉽다고 느끼는 찰나에 벚꽃이 지고 푸른 잎이 돋는다. 바닥으로 끌어당기는 빗방울들에 못 이겨서 마지못해 검은색 아스팔트 위로 꽃잎이 떨어진다.

세상에 오래 머물 수 없는 것은 벚꽃이 가지는 숙명일까. 봄을 맞이하는 운명적 존재로 태어나 간절함 없이 떠나보내기도 하고 모른 척 잊고 지내다가 반가운 마음에 웃으면서 맞이하게 되는 조금은 가엾은 존재. 푸른 세상에 하얗게 만개하지 않았다면 우리는 벚꽃을 기다리지 않았을지도.

편지를 썼다. 머지않아 사라질 벚꽃을 위해. 하늘에 가득했던 모습을. 나무 아래 가득했던 향을. 서로를 사랑하게 만드는 온기를. 언젠가 너를 끌어내리는 봄비를 향해 우산을 기울일게. 설령 너의 마음을 오랫동안 지켜주지 못해도 잠시나마 그렇게 서 있을게. 혹시나 내 뒷걸음질에 네가 슬퍼하지 않도록 곁에 있을게.

고마워.

쉰네 번째
바다 너머의 인연

바다에 갔다. 모두가 시간을 맞춰 보러 갔던 그런 바다. 날씨가 더 좋았으면 하고 아쉬워하는 것은 오늘의 완벽함을 기대했기 때문일까. 바람을 등지고 나란히 걷던 친구들. 바다를 배경으로 찍었던 사진들은 지운 지 오래지만, 선명하게 떠오르는 푸른 파도가 계속해서 머릿속에 부딪힌다.

사진을 찍고 조개구이를 먹고 간식거리를 잔뜩 사서 숙소로 향했다. 함께 모여 앉아서 이야기를 시작한다. 누가 누구를 좋아했었느니 몰래 연애를 하려다 걸렸다느니 축구를 하다가 삐져서 집에 갔던 일처럼 만날 때마다 듣는 그런 이야기들. 나의 힘들었던 일상을 달래주는 시시콜콜한 대화들에 마음이 놓인다. 마냥 웃기만 했던 시절부터 여전히 같은 주제와 이야기들로 일상을 벗어나게 해주는 이 친구들이 고맙기 그지없다.

근데 나는 왜 그토록 날카로웠을까. 나를 욕한 것도 아니고 내 부모님을 모함한 것도 아니고 내 자존심을 건드린 것도 아닌데 나는 그들을 끊어냈다. 배려받지 못했다는 이유로 나의 분노를 스스로 키우며 인연의 끈을 가차 없이 잘라냈다. 지금 생각해 보면 별거 아닌 일들인데 나는 그 여행에서 사소했던 모든 행동을 분노로 부풀려 친구들을 손에서 떠나보냈다. 어떤 말 때문에 상처받은 건지, 어떤 행동 때문에 그랬는지 전혀 설명해 주지 않았다. 그들을 위선자라고 생각했고 나의 모든 행동은 합리적이라며 분노를 다독였다.

잘난 것 하나 없었던 내가 무슨 권리로 그들에게 상처를 주고 떠났을까. 쌓아왔던 몇 년의 시간을 고작 여행 한 번으로 부숴버렸던 나의 교만함.

돌아살 수 없는 시간이다. 며칠이 지나고 몇 달이 지났을 때만 해도 놀아가기 싫고 돌아갈 수 없다고 생각했다. 배려 없는 행동을 존중해 줄 필요 없었다는 말이 너무도 옳게 보였고 어차피 멀어질 인연이었다는 무심한 위로가 마냥 좋았다.

    몇 년이 흐르고 이따금 내 결심을 후회한다. 내가 조금 더 여유로웠다면, 내가 조금 더 마음에 담아둔 말들을 했더라면 우리는 지금도 서로의 결혼 소식을 기대하며 안부를 물어봤을까. 생일이면 주저 없이 연락하고 언제 볼까, 하는 약속을 고민했을까. 이제는 그날의 잘못을 재볼 생각도 없고 의미 없는 일이라고 여길 정도로 오랜 시간이 지났다. 나도 그들도 소중한 것을 잃었다. 돌아갈 용기도 이유도 찾지 못하고 지워버린 사진들을 기억하며 차라리 머릿속에 남은 이미지마저 지워졌으면 하는 날들이 지나간다.

    가끔은 그 친구들이 그립다. 뭐 하고 사려나 결혼은 했을까. 떠나버린 나에게도 들려올 소식은 죽음밖에 없을 테니 오히려 다행인가. 구체적이진 않은 머릿속에서 아무렇지 않게 떠오르는 물음들. 자연스레 멀어진 게 아닌 강제적으로 떨어뜨린 관계라서 더욱 후회하고 그리워하는 것 같다. 과거에는 그들의 잘못이라고 생각했는데 지금 와서 후회하는 내 모습을 보면 현재는 내가 잘못한 사람이라고 생각하곤 한다.

    그들의 행복을 바라는 것도 욕심이려나. 바라는 성공을 이뤘으면 좋겠고 또 행복했으면 좋겠다. 저 바다에는 멀리서 바라보고 웃음은 지을 수 있을 거 같은 내 소중했던 사람들이 있었다.

쉰다섯 번째
## 도미노

나를 존중하는 만큼 너를 존중하고 싶다.

그렇게 서로의 영역이 포개어지면

그때는 웃으면서 함께 일어나겠지.

우리가 쌓아놓은 인생을 보고

다시금 새로운 도미노들을 세워가겠지.

억지로 들어가지 않고 멀리서 지켜볼 때

도미노들이 길을 열어줄지도 모른다.

너무 좁아서 아무것도 들어가지 못할 것 같은 공간도

사실은 아주 넓은 공간이었을지도.

누군가의 도미노가 되고 싶다.

급하게 다가가서 서로를 밀어버리지 않고

언제든 나의 인생으로 늘어올 수 있게 팔을 벌리는 도미노가 되고 싶다.

쉰여섯 번째
# 긴 겨울의 끝에서

수많은 발자국이 지나간 자리. 너와 내가 걷던 흔적들도 저 중 하나일 텐데. 나의 발자국은 촘촘하다. 나를 불안하게 만든 건 같이 잡았던 손이었을까. 나로 인해 같이 넘어지지 않도록 너무 꽉 쥐지도 않고 놓고 싶지도 않았던 손을 너는 알아챘을까. 실수로 나무를 건들면 네 머리 위로 떨어지는 눈들이 너무 차가울 것 같아서 네 반대편에서 긴장 가득한 손이 움찔거리고 있었던 것을 너는 알았을까.

　발자국 위에 다른 발자국이 포개지고 뒤섞인다. 아무런 흔적이 없었던 처음의 길이 기억나지 않는다. 순수했던 나의 겨울은 더러워졌다. 그리고 그 순결한 눈을 사정없이 짓밟은 것은 나였다.

　어렴풋이 보이는 아득함의 끝은 너무도 환해서 다가가고 싶지 않다. 내가 다가갈수록 어두워지는 세상이 무섭다. 내가 생각했던 것보다 어둡다면 다시 뒤돌아서 걸어올 힘이 없다. 그저 나의 다짐들이 모두 얼어붙은 겨울의 한기가 감돈다. 내 살이 닿아도 눈이 녹지 않으니 미련도 없다.

　헐겁게 늘어지는 외투를 여미고 한 걸음도 떼지 않는다. 미세한 떨림이 몸을 훑고 지나간다. 모든 자국이 봄으로 덮이기까지는 조금 오래 걸릴 듯하다. 우리가 함께 걸었던 추억도 눈가에 남아 있는 미련도 언젠가는 다 사라지겠지. 앞으로 나아가지 않으면 흔적을 남기지 않을 수 있다는 현명함에 고개를 끄덕인다. 하염없이 아침이 오기까지 제자리에 서 있는 겨울.

쉰일곱 번째

## 망망대해

세상에 영원한 인연이 없다고 느낄 때면 주변에 남아 있는 사람이 많지 않다. 연락처에는 남아 있지만, 쉽사리 통화 버튼을 누를 수 없는 이름들이 넘쳐난다. 다투거나 감정 상할 일도 없었는데 추억 속에서만 떠올리는 이름이 되었다. 이제는 죽음이 아니면 찾아갈 명분이 없는 이들도 한때는 매일같이 어울렸고 함께 무엇을 먹을지 고민했다. 모두와 함께 갈 수 없다는 사실을 어렴풋이 알고 나서는 변함없는 행복을 경계했고, 자주 만나는 사람들과도 언제든지 멀어질 준비를 하고 있다. 혼자서 노를 젓는 게 더 편해졌다. 작아진 배에 누구를 태울 수도 없다. 힘이 조금 들더라도 언제든 천천히 노를 저을 수 있다는 사실로 나를 위로한다. 힘이 빠지면 노를 놓은 채 넓은 바다를 떠다닌다. 익숙해지니 버틸 만하다. 매번 같은 곳을 향해 갈 것도 아니고 언젠가 저 뭍에 내려줘야 하니 가끔은 배에 오르는 것도 마음을 쓰지 않는다. 평생 함께 노를 저을 사람은 없다. 지나가는 구름과 명명할 수 없는 물결에 연연하지 않고 관성처럼 나아갈 뿐이다. 노를 젓는 시간만큼 외롭다는 감정이 풍화되어 사라져 간다. 이따금 붉었던 하늘을 이야기하고 드넓은 바다에 함께 흘린 눈물을 기억하는 것. 그것만으로 충분하다.

쉰여덟 번째
# 익숙한 여행길

처음 보는 골목에서 햇빛도 구름 한 점 없는 하늘도 모든 게 새롭다. 마치 다른 햇살이 비추는 것 같다. 매일 보던 것과 다른 풍경에 가슴이 두근거린다. 하나라도 놓치기 싫어서 연신 셔터를 누른다. 다른 공기, 모습, 분위기. 지루한 일상에서 벗어났다. 천천히 숨을 쉬고 천천히 걷는다.

하지만 여행이 주는 신선한 충격도 머지않아 익숙해진다. 원래의 일상으로 돌아온 것 같은 발걸음. 어디에 창문이 열려 있었는지, 어떤 나무가 자라고 있었는지, 누가 커피를 들고 기다리고 있었는지 기억이 나지 않는다.

얼마나 익숙해진 걸까. 이렇게 빨리 익숙해져도 되나. 여행에 대한 감흥이 사라지는 속도가 세월만큼 빠르다.

익숙해진 골목에서 언제 설렘을 잃었을까. 세상을 걷는 모든 순간이 여행인데도 우리는 또 다른 여행을 꿈꾼다. 새로운 빛을 보고, 그 햇살을 따라가고 깨달음을 얻어야 하는 그런 여행.

어두컴컴한 일상으로 돌아왔을 때 여전히 골목을 비추고 있는 가로등의 소중함을 우리는 잊고 산다. 언제나 그 자리에 있겠지. 영원히 골목을 비춰주겠지.

하지만 가로등이 꺼지고 나서야 항상 빛이 있었다는 걸 깨닫는다. 오후의 햇살 속에서 묵묵히 서 있던 기둥 하나가 밤이 되면 어두운 앞길을 비추고 내가 넘어지는 걸 걱정하던 한 줌의 빛이었다는 것을.

쉰아홉 번째
# 바다의 도전

아이는 바다의 무서움을 모른다.
얼마나 깊고
얼마나 넓은지
그런 것은 아랑곳하지 않은 채
뭍에서 뛰어놀기 바쁘다.

아이가 바보여서가 아니라
바다만큼 투명하기 때문이다.

바다를 두려워하는 게 아닌
바다와 친구가 되는
맑은 순수함.

파도 소리에 너울대는
아이의 웃음소리를 듣고 있으면
마음이 차분해진다.

나는 언제부턴가
발만 담그고
바다가 무섭다고 했다.

너무 광활해서 끝이 안 보인다고.
너무 깊어서 어둠밖에 보이지 않을 거라고.
그 속에 얼마나 많은 생명이 살아가는지
얼마나 아름다운 광경들이 펼쳐지는지
직접 보지 않아도
다 안다고 말했다.
내 그릇에 담아놓은 바다가
세상의 전부라고 말했다.

망설이지 않고
바다를 향해 뛰어들었던 그날이
다시 오지는 않을 거 같다.
너무 많은 걸 알아버린 거 같아서.
조금밖에 모르지만
많이 아는 것처럼 변한 거 같아서.

바다를 품는 아이들이 부럽다.
바다보다 더 큰 아이들이 부럽다.
돌이킬 수 없는 순수함을
오늘도 파도에 쓸려 보낸다.

친구.
선생님.
부모님.
이름 모를 사람.
가끔은 우연히 마주친 사람.

가장 깊은 심연에서 허우적대고 있을 때
누구보다 깊이 닻을 내려 끌어 올려준
인생에서 가장 고마운 사람.

눈을 감으면 떠오르는 그들은
한 치 앞도 보이지 않던 현실에서
조그만 빛이 되어 앞길을 밝혀준 존재.

가장 진한 어둠을 가장 흐린 빛이 몰아내듯
암울했던 현실에서 희망이 되어준 빛.

그런 사람이 되고 싶다.

어두컴컴한 긴 터널의 끝에서
하나의 빛이 되어
누군가의 희망이 되고
누군가의 탈출구가 될 수 있는 그런 사람.

인생이라는 항해에

등대가 되고 싶다.

어둠 속에서

조건 없이

빛이 되고 싶다.

예순 번째
# 관계

    이 단어를 처음 고민해 본 적이 언제였을까. 태어나는 순간부터 죽을 때까지 관계를 마주하지 않고 살아가는 사람은 없을 텐데, 나는 왜 지금까지도 정확히 정의조차 하지 못한 채 매번 변하는 옳음의 기준에 휘둘리는 걸까. 가족, 친구, 직장동료 같은 단어들이 연관되어 떠오른다. 나는 느껴보지 못했지만, 함께 지내는 강아지와의 관계가 있을 수도 있고, 창가에 들어오는 햇빛을 머금은 화분과의 관계가 있을 수도 있고, 애착이 가는 물건이나 정보들이 관계로 생각될 수도 있다. 요즘은 자신에 대한 성찰과 발전을 끊임없이 추구하는 이데올로기도 만연해 있기 때문에 '나' 자신과의 관계도 이질감 없이 받아들이는 데 무리가 없다.

    일상에 보편적으로 쓰이는 관계는 보통 둘 이상의 주체가 있다. 나와 너. 너와 또 다른 너. 나는 내 주변의 많은 '너'들의 관계에는 크게 관심이 없다. 필요 이상으로 간섭하기도 싫고 나에게 피해를 주지 않는다면 굳이 신경 쓸 필요가 없는 부분이기 때문이다. 학생 때는 내가 없는 다른 무리가 자주 놀러 다니고 SNS에 함께 놀러 다니는 사진들을 올리면 부러워하기도 했다. 그들 사이에 끼고 싶고 모든 자리에 함께하고 싶었다. 정확히는 스스로 만들어 내는 소외감이 싫었던 거 같다. 내가 속한 무리가 있는데도 만족하지 못한 걸 보면 관계라는 이름으로 둔갑한 인맥이 필요했던 건지도 모른다.

진심 어린 관계가 뭘까. 진심은 일순간 부여될지라도 영원히 진실한 관계가 있었노라고 돌아보는 때가 올까. 정의를 판단하지 말고 주관을 넣어볼까. 의미가 있는 관계는 뭘까. 조금 더 구체적으로 나열해 보면 생일이면 축하 연락이 오는 사람? 오래 준비한 시험을 응원하는 사람? 내가 입원했을 때나 부모님이 돌아가셨을 때 발걸음을 해준 사람? 모든 행동이 불순한 의도를 머금지 않은 채 순수한 마음을 가지고 나왔을까. 모든 사람이 다 같은 마음으로 누군가를 만날까. 누군가는 나를 위한 행동을 한다고 믿을 때가 있다. 이따금 부정적인 상상을 배경으로 관계를 시험해 보기도 한다. 어떠한 근거로 친구가 또는 지인이 나를 위해 울어줄지는 답할 수 없지만 그냥 그래 주길 바라니까 그랬으면 좋겠으니까. 이유가 있어서 찾아오기를 바라지 않을 뿐이다.

　실체 없는 관계로 인해 버겁기도 하고 든든하기도 하다. 일절 여유가 없을 때는 전화번호부에 숫자가 너무나도 커 보여서 두 자릿수까지 최대한 정리해 봤다. 가족, 친척, 고등학교 친구, 대학교 친구, 교회 사람 등 어떠한 무리로 한정 짓고 카테고리화하며 그 외에 사람들은 자연스레 멀어지는 걸 암묵적으로 나와 합의를 한 것이다. 정작 내 마음은 가벼워지질 못했는데 핸드폰을 가볍게 하려고 밤새 전화번호부를 들락거렸다. 오히려 의식하지 않을 때 여유를 찾은 듯했다. 어련히 잘 살겠거니, 연락이 잘 안될 수도 있는 거니 하면서 1년에 한 번씩은 꼭 연락하고 만나야지 하는 강박관념에서 벗어났다. 그러면 지금 당장 내 옆에 누가 있지 않아도 마음이 안정되고 심리적인 포만감을 느끼곤 했던 것이다.

직장 생활에 적응하고 익숙해지면서(스트레스는 받지만) 누굴 만나는 것에 결코 적은 노력과 에너지가 들어가는 게 아님을 느낀다. 평일에 잡히는 약속은 너무나도 오랜만에 보는 사람이 아니라면 외면하고 싶은 생각이 든다. 어쩔 땐 야근을 하는 게 더 낫겠다 싶을 정도로 퇴근 후에 만남을 기피하고 싶어진다. 그래도 이제는 학창 시절처럼 매일 볼 수 있는 사람들이 아니어서 그들과의 만남이 매번 특별해지기 때문에 보고 싶은 마음이 크다. 나이가 더 들어갈수록 주변에서 결혼하는 친구들이 생겨가고, 직장이나 그 밖의 이유로 사는 곳이 너무나도 멀어지니 만날 수 있을 때 만나자는 말을 더욱 다짐하며 살게 된다.

주변에 사람들이 많아도 언제든 더 높은 벽을 쌓아 올릴 준비를 했다. 딱히 신경 쓰지도 않았고 무언가 마음에 들지 않으면 울타리를 더 크게 지어버리면 그만이라고 생각했으니까. 하지만 하나둘 나의 영역에서 사람들이 나가기 시작했고 그제야 내 울타리가 부질없음을 알아갔다. 그와 동시에 울타리를 나가는 사람을 막을 수 없다는 것도 깨달으며 더 이상 자물쇠를 걸어놓지 않게 되었다. 상처에 익숙하지 않았던 시절에는 바깥이 보이지 않을 만큼 담벼락을 쌓아서 누구도 들어올 수 없게 숨어 지냈는데 이제는 담장의 높이가 뭐가 중요한가 싶다. 결국 오랫동안 함께하고 싶은 사람은 내가 잡아 와서 가둬두는 게 아닌, 언제든 출입할 수 있게 배려해야 한다는 것을 지금이라도 알았으니 다행이다. 이 생각도 시간이 지나면 또 변하겠지.

죽도록 미운 관계부터 하염없이 기대고 싶은 관계까지, 삶의 전반적인 영역에 걸쳐서 다양한 이름으로 둔갑하고 있는 모든 관계들이 바람직한 방향으로 흘러갔으면 한다. 극단적으로 원수 같은 관계도 있겠고 이미 돌이킬 수 없을 정도로 서먹해진 사이도 있겠다. 엎질러진 물까지 손으로 담고 채워지지 않는 유리잔을 보며 노력하라는 건 아니다. 분노로 맺어진 관계라면 그 불씨를 원동력 삼아 자신의 인생을 누구보다 빛나게 만들 수 있지 않을까. 어색하고 불편한 관계라면 갑갑한 마음에 안절부절못하는 게 아니라 적당한 거리를 유지하는 방법을 배워 다른 관계에 적용해 나갈 수 있지 않을까. 일종의 긍정적인 합리화라고 생각하지만 몇 달을 끙끙 앓다 보면 어떤 게 효율적인지 이성적으로 판단하기도 한다. 때때로 싫은 관계는 싫어하는 게 맞다는 것에 동의하는 편이라 굳이 억지로 마주 보는 퍼즐을 욱여넣을 필요는 없겠다.

무뎌지고 평범해지길 바란다. 적당히 아파하고 적당히 기뻐하는 게 생각보다 나쁘지 않다. 나를 알다 보면 자연스레 습득하게 되는 요령 같다. 예측된 불편함을 감수하지 않다 보니 적정하게 거리를 잴 줄 아는 것이다. 노련한 듯 허술해도 좋고 똑똑한 듯 바보 같아도 좋다. 다양한 인격(조금 강한 단어 같아서 성품이나 가면 정도로 바꿔도 좋겠다)을 예비해 놓으면 상황에 맞춰서 꺼내고 대응할 수 있으니 감정의 기복을 줄이는 데 도움이 될 듯하다. 각자의 구체적인 관계들을 나열하면 아마 모두가 관계에 관한 책 한 권씩은 거뜬하게 쓰는 인생이지 않을까. 모두가 개인의 관계와 철학이 있으니 본인이 옳다고 느끼는 방법으로 인연의 끈들을 놓지 않고 살아갔으면 한다. 결국 남는 건 사람이라는 말이 더 또렷해지는 요즘이기에 더욱 선명해지는 행복이 그 모든 관계들로부터 시작됐으면 하는 바람이다.

에필로그

오늘도 고생했어.

고생했다는 말이 무덤덤할 만큼
평온한 하루를 보냈다면 다행이야.

고생했다는 말에 눈물이 고일 만큼 힘들었다면
한마디의 위로로 그쳐서 미안해.

참아야 했던 순간들이 가득하고
변명보다 사과를 먼저 해야 하는 순간들이
침대에 누워서는 얼마나 울고 싶었을지
누구의 눈도 쳐다보기 싫었을지
어렴풋이 짐작해 볼게.

집으로 돌아가는 길에
얼굴을 스치는 밤바람이
조금은 따스했으면 좋겠어.

잠들어 있는 눈이 밝히지 못하는 것들.

눈뜨게 하려야지 못하는 것들.
오늘은 그 모양을 나의 한가지
때 이야기로 정말이 되지 않으리라도
돌붙음은 없어지는
방향은 움직이는

기는 곧오볼기는 곤곤말을 오프 말해
마음껏 가지건들 아무리는
때 남플을 볼 수 있지도 모르겠어.
대답이 나겠네
오늘이 나겠네
높은가 갈 들을 것 이렇지
오늘이 나이
대답이 나도
대답이 오늘을 돌리지지 못하여

대말 뿐이니.
조금 숙여라 돌아가러
잠자네 돌아버릴 나의 마음이
말 생여더 잔치기 아이랑 정도로.

평생을 고민하겠죠. 옳은 것이 뭔지. 이타적이면 무조건 옳은 건지, 당신의 뜻에 맞게 살아가는 게 옳은 건지. 30년을 쌓아온 가치관이 무너질 수도 있겠죠. 모든 것이 허무하고 의미 없다고 느껴지는 순간도 올 거예요. 그래도 겁나지는 않아요. 그냥 그래요. 이유를 설명할 수 없지만 괜찮은 거 같아요. 근거 없는 자신감도 기꺼이 주신 거라면 저는 감사하며 살겠습니다.

저는 지금 꽃을 피워요. 그리고 그 꽃은 사람 사이에서 더욱 만개하죠. 이야기를 듣고 공감할 수 있고 서로가 있다는 사실만으로 그 시간이 외롭지 않다는 게 얼마나 좋은 향을 나타내는지. 눈을 감고 있으면 사람 사는 냄새가 나는 거 같아요. 20대는 여유 없이 맺어왔던 관계가 30대가 되어 추억할 수 있는 그리고 의지할 수 있는 '사람'으로 남아 있다는 게 참 감사하네요.

언젠가 봄이 사라질 수도 있겠지만 그래도 믿으니까. 멀어진 관계도 세상과 계절을 돌고 돌아 다시 나에게로 찾아올 수도 있다고 생각하니까. 그래서 봄이 되는 대신 봄날을 기다리는 사람이 되고 싶습니다. 언젠가 인생에 한 번쯤 찾아올 봄날에 내가 그들의 곁에 있도록. 그들의 여유와 따뜻함을 함께 느낄 수 있도록. 그렇게 봄이 스쳐 가는 사람으로 이 땅에 심어주신 이에게 다시 한번 감사드립니다.

김시온

그대로 멈춰라

초판 1쇄 발행 2025. 3. 28.

**지은이** 김시온
**펴낸이** 김병호
**펴낸곳** 주식회사 바른북스

**편집진행** 황금주
**디자인** 김민지

**등록** 2019년 4월 3일 제2019-000040호
**주소** 서울시 성동구 연무장5길 9-16, 301호 (성수동2가, 블루스톤타워)
**대표전화** 070-7857-9719 | **경영지원** 02-3409-9719 | **팩스** 070-7610-9820

•바른북스는 여러분의 다양한 아이디어와 원고 투고를 설레는 마음으로 기다리고 있습니다.
**이메일** barunbooks21@naver.com | **원고투고** barunbooks21@naver.com
**홈페이지** www.barunbooks.com | **공식 블로그** blog.naver.com/barunbooks7
**공식 포스트** post.naver.com/barunbooks7 | **페이스북** facebook.com/barunbooks7

ⓒ 김시온, 2025
ISBN 979-11-7263-279-3 03810

•파본이나 잘못된 책은 구입하신 곳에서 교환해드립니다.
•이 책은 저작권법에 따라 보호를 받는 저작물이므로 무단전재 및 복제를 금지하며,
이 책 내용의 전부 및 일부를 이용하려면 반드시 저작권자와 도서출판 바른북스의 서면동의를 받아야 합니다.